妳那麼獨立一定受了不少委屈吧

男人最常使的13種「渣」法。殺不死妳的，會讓妳更強。

高人氣公眾號治癒系作家
你喵姐 ◎著

任性出版

目錄

第四章

委屈了的妳，怎樣可以光芒萬丈 241

推薦序一

相信愛情之前，請先相信自己

「我是艾姬：情癒撩慾系作家」粉專版主／**艾姬**

這是我第一次閱讀作者「你喵姐」的文字。剛收到本書書稿時，我以為是一本市面上常見的兩性勵志書，但閱讀完全部內容之後，我覺得這本書不僅僅是那麼簡單的兩性勵志書，它其實包含了作者的人生態度，除了兩性關係之外，對於夢想、生活也有一些著墨。

身為微信公眾號的高人氣作家，你喵姐的文字很好咀嚼入口，每一個篇章都像在閱讀一則極短篇故事，可能像是你身邊朋友的故事，甚至也可能像你自己的故事。例如她在描述遠距離戀愛的時候，寫著「『隔著手機戀愛』是遠距離戀愛的常態，『穿過螢幕去見你』更是望眼欲穿的痴念」。每個遠距離戀愛的心情，都讓我回想起自己歷經了五年的遠距離愛情，才終於和對方走在一起。

這本書裡也有你喵姐對於兩性關係的有趣觀察，例如她犀利解析「為什麼越好看的女生越沒人追」，原來是和男生精算「追求成本」有關；反之很多人追的女生也沒什麼好驕傲的，說不定只是妳顯得成本低、很好追到手罷了！相信在閱讀這些章節的時候，妳也能對照自身的感情狀況，來理解過去的妳是否在愛情裡有一些不自知的盲點。

相較於我一邊在社群上殘酷揭發兩性黑暗面，又一邊給予受傷的讀者溫暖療癒感的矛盾風格，我覺得你喵姐的文字更為療癒與正向。從書中幾個充滿幸福感的小故事中，妳會感受到一種對未來的希望。例如她寫石康和葉子的故事（第二章第六節），兩個曾經很相愛的兩個人，卻因為現實種種因素而分開，之後又再重逢；文中有段這麼寫：「那個窮小子，曾經把妳當作他的全世界，妳愛笑的眼睛就是他心中最美、最閃亮的鑽石」，這麼甜蜜似糖的文字，不但令人暖得彷彿看見愛情閃閃發亮，同時提醒我們，錯過或放手的緣分，如果還有機會重新開始，不要放棄再次追求幸福的權利。

相信愛情之前，請先相信你自己。透過直白又精準的文字，你喵姐帶著你在書中看見自己的影子——這本書適合孤單了很久的單身男女閱讀；適合對愛情感到茫然、失望的你；適合正處於失戀受傷狀態的你；適合在遠距離戀愛中感到不安的你們；適合搞不清楚女生要什麼的男性們；也適合還願意相信愛情，再給自己一次機會的你。

雖然我不認為「婚姻」就是Happy Ending了，但當你連符合自己期待的「愛情」都認不清的時候，你的確需要一些明確的指引。希望你翻閱這本書，從第一頁到最後一頁，細細品味文字裡的能量和智慧後，也許能解開心中的一些困惑，發現自己也能既傷痛又勇敢、既獨立又依戀、既寂寞又美好！

推薦序二

獨立？才不是拿來證明給別人看的

兩性散文作家／密絲飄

上個星期，我和我先生吵架。

我們有一隻狗，平時是我負責在家裡附近遛，但每次搭車出門玩，都是和先生一起。最近狗兒被附近的浪浪兇了一下，開始變得有點怕其他狗，於是我提議帶狗兒去上社交課程，但我先生覺得沒有那個必要。爭論到後來，氣氛有點僵，他說：「如果妳硬要照妳自己的意思做，那妳就不要來跟我說，妳自己帶牠去！」

好啊！自己帶牠去就自己帶牠去，了不起啊？

如果是十年前，我大概會立刻約車約人，自己搞定一切給他看看，好讓他知道，我才不稀罕他的參與；不過現在，我不會幹這麼傻的事了——在一段妳還想繼續下去的關係裡，拚命證明自己並不稀罕對方，實在是一件蠢到掉渣的事。妳不稀罕他，卻還想跟他在一起，這不是很矛盾嗎？

女人的確得獨立，但獨立從來都不是證明給別人看的。

我發覺，女孩子有時候對獨立有一種誤解，覺得獨立是一種「表現」。比如生病的時候，明明希望另一半能陪在身邊，但他若忽略了，妳既不抗議、也不主動要求，就默默的自己照顧自己，一方面期望對方知道妳並不是非他不可，想激起他的危機意識；另一方面希望他看見妳的體貼，主動對妳好一點。

但我沒見過哪個男人會因此對另一半更好的。

他忽略了妳，泰半只有兩種原因，第一是他粗心，第二是他不在意。如果是前者，那麼他需要被提醒；如果是後者，那麼妳需要重新考慮這段關係有沒有繼續下去的必要。無論如何，拚命展現自己的獨立給對方看是沒用的，因為粗心的男人看不懂、無心的男人看不到。

獨立真正的意義，是女人面對愛情裡的大小問題時，積極去處理的底氣。自己照顧自己是應該的，如果妳真的愛自己，照顧自己就是理所當然的事。但是，妳能把自己照顧好，跟對方願不願意照顧妳是兩回事，前者是妳自己的責任，後者則是他的心意。很多人都說，獨立的女孩子，才能找到真正欣賞她的男人，這話的意思，不是讓妳在感情裡事事不求人、一切靠自己，而是說——妳不會把自己交給不值得的人。

一個人真正愛妳的時候，妳做得好，他心疼；妳做不好，他還是心疼。

後來我跟先生還是一起安排狗的社交課程了，我跟他說：「你的狗這麼可愛，你不怕牠交到壞朋友嗎？」但這句話只不過是給他個臺階下，畢竟逞強的人要面子，堅強的人要懂得想方設法贏得裡子（實質事物）。

我喜歡書裡的這句話：「獨立到不要人慣，幸運到有人疼愛。」而這份幸運，要夠獨立的人才能得到。

推薦序三

因為獨立，所以一切更好的，妳都值得

作者友人／小詩

收到本書的推薦序邀稿時，真的很開心。

剛開始讀你喵姐的文章，我就被她文章中的韌性吸引，覺得她是一個很有個性的女孩，會不由自主的想要去認識她。她的文字充滿了質感，裡面有很多人生經歷和感悟，讓人有一種千帆過盡、依舊獨立做自己的感覺。

人活一世，總要經歷一些什麼。而那些經歷，無論以怎樣的形式出現在妳的生命裡，最終都會以另一種方式融進妳的生命，妳會因它們變得更加豐盈。那些過往，無論悲傷還是喜悅，都是自己在人生中書寫的故事。

記不清是哪部電影的臺詞，出現過這一句話：「年輕的時候，我想成為任何人，除了我自己。」很多時候，我們都會感到迷茫，這似乎是成長路上不可避免的。

而在你喵姐的文字中，妳能看到自己——那個不顧一切，敢於向成長路上所遇見的困難鬥爭的自己；那個積極、上進，為了自己的理想生活不斷努力的自己；那個為了追求獨立而受了不少委屈的自己……這些不同的一面，都是女孩們不斷成長、經歷蛻變所遇見的自己。她們經歷過失敗、痛苦等諸多糟糕的情緒，但也在這些經歷中找到方法，以成為更好的自己。

你喵姐文章中的女孩們，一個個鮮活、勇敢、獨立、灑脫……縱使生活中有不如意之處，也能化腐朽為神奇，活出真正的自我。她們「做自己」的模樣，真的很美——因為獨立，所以值得！

你喵姐的文字和她本人一樣，非常真實。她身上有很多吸引我的特質，一直以來，她不斷透過自身努力，成為自己想要成為的人。

當初她說想要寫作，不管工作多忙，每天都會擠出時間堅持寫文章，更新自己的公眾號（按：開發者或商家在微信公眾平臺上申請的應用帳號，商家可在平臺上進行文字、圖片、語音、視訊等全方面溝通和互動）；她之前說將來想要開民宿，如今她也真的做到了。現在，她的這本書要和大家見面了，希望妳們像我一樣喜歡這本書，從這本書中找到屬於自己的一些東西。

希望我們都能和書裡的女孩們一樣，成為最好的自己！

和你喵姐一樣，祝福妳們每一個人，願妳們獨立、堅強，也願妳們都會遇到一個人，懂得妳們的獨立和委屈！

作者序

要怎樣才會不負此生

幾年前，我還是個小女生，那時候還在憧憬未來。我怎麼也想不到，許多年後的今天，我的文字會一筆一畫的烙印在這纖薄的紙上。

那些生活裡深深淺淺的話，被我用筆記錄下來，我如此不斷的寫，同時不斷引來讀者們的關注。我很感激這些人，也很欣慰自己所說的話，原來有一天會有這麼多人想要聆聽；我寫的字，成了那麼多人的心頭所愛。

我是一個重感情的人，生命裡遇見的人、做過的事，哪怕是路過的樹、夏夜草叢裡稀疏鳴叫的蟬、微風中輕輕搖曳的花、角落裡不起眼的草……我都非常、非常的喜愛。就像小王子那麼愛他的玫瑰，就像被馴服的狐狸深情的愛著小王子，我是如此熱愛這個世界。

所以，我想帶領眾人，用我的雙眼和筆觸去看、去了解這個世界，去知悉時間長河裡，我們能說什麼、能做什麼，如何過好我們平凡又美好的一生。

而關於「什麼才是至死不滅的渴望」，我想了很久，想到的只有愛。

法國作家莒哈絲（Marguerite Duras）在小說《情人》（*L'Amant*）裡寫下：「愛，之於我，不是一飯一蔬，不是肌膚之親，是平凡生活的英雄夢想，是一種不老不死的欲望。」愛，是我們想要在這個世界上留下的痕跡，是未曾停止拚命奮鬥的時光裡，心底永恆的閃光。

妳問我：「年輕時要怎麼樣才會盡善盡美，不負此生？」

我沒有標準答案。我唯一知道的，就是跟妳說要獨立、自主、勇敢、堅強的去做妳想做的事，無所畏懼，無所遷就——委屈算什麼？流過淚的雙眼才更加明亮！

總有一天，妳會明白自己在成長道路上並不孤單，也總有人跟妳一樣，想要見證這個世界的精彩。很多年以後，當我們回望來時的路，妳會發現那些過往雖然動盪曲折，惹人內心惆悵；雖然晦澀不堪、殘破萬丈，可那才是真實的我們，那也正是只屬於我們的黃金時代！唯有獨立，妳才能活得自由、有尊嚴！

願妳永遠年輕，永遠充滿想像；願妳心中有愛，懷中有信仰。

謹以此書，獻給所有獨立、堅強、勇敢、善良的人。

第一章

獨立：妳能活出自我、不受制於人嗎？

說說妳現在如何看待愛情。

獨不獨立？人會現出原形。

1. 女人要「狠」，但不能寫在臉上

一直很相信一句話：女人要心狠。

「『狠』不是態度裡的張揚、言語中的張狂、氣勢上的咄咄逼人，而是**來自內心的堅定與從容——女人的強大從來不寫在臉上。**」

這段話來自我喜歡的女性作家李筱懿。她說，美女都是狠角色，尤其是那些長得漂亮、幹得漂亮、活得漂亮、想得漂亮的人。

我曾在工作時認識一位姐姐，她是個在辦公室裡遊刃有餘，工作、生活兩不誤的成熟女性，穿著雖低調卻有個性，化精緻的妝、踩著高跟鞋，香水聞起來很舒服。她身上的那種美會隨著歲月沉澱越加醇厚。

我總以為活成那樣全憑天生麗質，可當我發現真相時，已啞然無聲……原來這位姐姐光是每天五點起床，就已經堅持了十五年，醒來喝蜂蜜水的習慣也堅持了近十年，做瑜伽、冥想就不用說了，美容護理更是她的日常。

她說：「女人不能懶，美容要趁早。不要過了二十五歲才知道要保養，也別過了三十歲才不熬夜。」

「妳要瘦，要白，要乾淨、整潔。」

「妳要抵抗歲月，堅持運動，並吃健康的食物。」

「妳要用好的產品，定期關注自己的肌膚和身體。」

「妳要讀書，畢竟有了好看的皮囊，卻少了有趣的靈魂豈不可惜？」

她讀書、看報，豐富自己，像普通人那樣和朋友喝茶、逛街，可出門丟個垃圾非得梳好頭髮，去菜市場買個菜，也要從頭到腳優雅到底。如此這般，讓我很難想像她對自己多狠——得要多自律，才能在人前美成這副模樣？又是吃了多少苦，才能變成別人眼中的漂亮女人？

二〇一七年的中國都市劇《我的前半生》裡，除了探討婚姻、家庭、女性獨立等議題之外，更加吸引我的，是作為一個強大女性該有的處事態度和心境。

女主角羅子君雖是家庭主婦，卻顛覆了以往大家對主婦、黃臉婆的認知，整個人漂亮又自然，三十多歲了依然保養得非常好；而她的閨密唐晶，同樣顛覆女強人不打扮自己的刻板印象——保養自己、去健身、穿好看的衣服，每一天都活得這樣精緻；連吳大娘這個職場精英，也被刻劃得工作勤苦，但誰說能幹的女人，不能長得好看？她年過四十依然美如畫。

女人保養自己，盡心精緻的活著，到底有多重要？

法國先鋒時裝設計師可可．香奈兒（Coco Chanel）曾說：「二十歲時的面孔是上天給妳的，五十歲時的面孔是妳自己決定的。**一個女人只有自律，才能擁有自己想要的一切。**」我對此深以為然。妳現在不狠心，歲月就會把妳摧毀；妳現在偷懶，歲月總有一天會給妳點顏色瞧瞧。這絕不是危言聳聽。

美麗，是一件付出代價，就能得到回報的事。

如果妳總是怕麻煩，以後的麻煩就會像滾雪球一樣，越來越多。

蔡康永舉過幾個例子：十五歲覺得游泳難，於是放棄游泳，到了十八歲時，遇到一個你喜歡的人約你去游泳，你只好說「我不會耶」；十八歲覺得英文難，於是放棄英文，到了二十八歲時，出現一個很棒但要會英文的工作，你只好說「我不會耶」。就是這樣，人生前期越嫌麻煩，自然越懶得學，後來更有可能錯過讓妳動心的人和事，錯過新的風景。

由此可見，人生前期越偷懶，後期越艱難。

如果想要美麗，就要對自己狠心。不過女人的美，也絕不是由年齡來限定的，它實為一種自我打理，是種從容而精緻的態度。

長得好看，是天生優勢，可美麗除了天生的以外，還能透過後天養成。

我認識一個漂亮女孩，雖然不算非常漂亮，但和她相處起來，給人乾淨、舒服的感覺。因為她護膚，愛自己；她運動，有活力；她能夠發現自己的美，在變美的道路上狠心盡力。

如果妳問我，什麼樣的女人是最美的，我會說：「歲月沉澱之後的女人，樣子最美。」她們不僅外表美，還擁有心靈、靈魂深處的優雅，這種美是見識廣博、眼界開闊、思想豐盛的美。

可正如中國節目主持人楊瀾所言：「**沒有人有義務透過你邋遢的外表，去發現你優秀的內在。**」如果一個人連自己的形象都不顧及，又怎能讓別人走進他心裡？

妳一定要足夠美麗、對自己夠狠心，才能抵抗這個毫不留情的世界，在最好的年紀擁有最美的自己。如果吃得最胖、用的東西最差、活得最廉價，豈不是對不起青春了嗎？

2. 「配不配得上」，誰說了算？

早上八點，急促的鈴聲把我吵醒。我迷糊的睜開眼，摸上床邊的手機，一看是阿風的電話，急忙坐起身來，按下接聽鍵。只聽阿風低沉的聲音像被困住的疲憊野獸，對我說：「我逃婚了。」

一小時後，我趕到阿風面前。眼前的他看上去很憔悴，就像一瞬間老了十歲那般，讓人不知所措。

見他眼圈發紅的看著我，我幫他點了杯咖啡，想讓他在浮躁中平靜下來。他喝了口咖啡，道：「可能我真的配不上『她』。」我知道他說的「她」是誰，畢竟彤彤也是我的好友。他們倆的愛情，連我這個局外人看了都覺得挺不容易的。

阿風不是本地人，反觀彤彤，她家倒是在本地出了名，不僅父親是員警，母親還在重點高中教書，說是書香門第也不為過。彤彤三代單傳，從小不愁吃穿且見過世面，家裡為她介紹的對象非富即貴，可她唯獨喜歡阿風。

她喜歡阿風的善良、果敢，也喜歡阿風說到做到的作風，還有他對她負責又寵溺的模樣。他帶她看過這個城市夜晚最美的星，帶她前往從未去過的地方，騎摩托車載她去兜風；她若喜歡什麼，他能買到一定買，她要去哪裡，他拚了命也要帶她去闖。

年少的愛，就是這般炙熱和驚天動地。

可是彤彤的父母毫不接受這一切，尤其是彤彤的母親，這個骨子裡滿是傳統和教條的女人，怎麼可能允許自己優秀的女兒跟「混混」模樣的阿風在一起？彤彤為此難過得跟母親吵架，然後摔門而出。她說她愛阿風，從小到大都聽父母的，可為何連喜歡的人以及想要的愛情，還是由父母決定？

彤彤的母親紅著眼說：「妳不能這樣，做父母的怎麼會不為妳好？他那樣的男人妳不能嫁！」

阿風又何嘗不難過？他不能埋怨自己的家庭，於是很努力的賺錢，每當打兩份工累到不行的時候，只要看著錢包裡彤彤燦笑的照片，他就感到內心溫暖，同時在心裡默念：他一定要守護這個女孩的笑容。

為了搞定彤彤的雙親，他幫她母親買上好的補品，為她父親買名貴的藥材來養身，還帶彤彤一家去自駕旅遊，那些錢都是他沒日沒夜的工作掙來的，而他只想證明彤彤嫁給他會幸福。

可終於搞定彤彤的父母後，阿風卻在他們領結婚證書的日子做了逃兵。

我不知道彤彤的想法是什麼，也不知道阿風怎麼想的。

阿風對我說：「我真的很愛彤彤，我想給她最好的，可我越想越怕，既怕自己做不到，也怕我越愛她反倒越容易失去。我一個人在家裡坐了一上午，拿著戶口名簿，不敢踏出家門半步。我知道她在民政局門口等我，還打了很多通電話給我，但我不知道怎麼和她說。也許，我真的配不上她……。」

你可以想像一個身高一米八的大男生，在我面前不知所措流淚的模樣嗎？你可以想像我看著他難過，卻不知道怎麼安慰的樣子嗎？

一個月後，彤彤談了新的戀愛。男方是父母幫她介紹的有為青年，家裡有好幾套房產，即使他對彤彤很好，彤彤卻沒有對他動心。

當彤彤問我：「妳說，**女人要嫁給愛情，還是單純結婚完成使命**？」我回答不出來，因為我知道彤彤心裡的愛情已經死了。那個能讓她愛得死去活來的人，那個讓她等了一上午，直到後來傳簡訊、打電話全都聯繫不上的人，已經不在她身邊了。

至於阿風，他一個人醉了一個月，期間始終忍住不接彤彤的電話，卻又在喝醉的時候，翻著他們的舊照流淚。我去過他的住處，他一直不曾離開。

你有喜歡一個人喜歡到不能喜歡嗎？

分手後，阿風再也不想戀愛。朋友替他介紹對象，說人家大長腿、大眼睛、聲音好聽，絕對是小甜心。可他看了一眼，只說不用了。

有一次，彤彤說新男友跟她求婚了，並問我：「我該不該答應他？」

我頓住了，微笑看著她，「彤彤，要不要嫁給他，妳心裡不知道答案嗎？」然後又說：「**妳問我要不要嫁的時候，那就是不想嫁。**」

彤彤被我說得心裡一沉，「我能瞞過所有人，也能說服自己，做父母眼中的乖乖女，還能表現得很喜歡跟新男友在一起的樣子，可我騙不了妳……妳說對了，我不愛他。」他很好，沒毛病，而且溫柔沒脾氣、多金又沉穩，可我偏偏不愛他——彤彤如此坦誠。

後來，我問阿風：「你還愛彤彤嗎？你快去把她追回來啊！你快去啊！」你看她還在等你，她不想嫁給別人，只想嫁給你。

阿風那天晚上想了好久，終於打了電話給彤彤。他還沒開口，彤彤就無法抑制的哭了，一如小時候被人搶去布娃娃的小女孩那樣委屈。

阿風和彤彤就這樣，雖然深愛對方，卻因為現實錯過彼此。可這樣的故事或許每天都在上演，一點也不稀奇，散落在這世界大大小小的角落……他愛她，她愛他，他們相愛，他們卻不得已分開。

又一個月過去，大人們忙著上班、下班，懷念自己以前天真無邪的樣子；小孩在教室裡，透過窗戶張望外面的世界。每個人都在他的既定軌道裡行走，經歷春夏秋冬。有時候，覺得什麼都可以失去，只有時間一直存在。

結束了一天的工作之際，我在電腦前伸了個懶腰、喝了杯咖啡，然後打開手機，收到阿風的一份電子請帖，結尾附上一個傻笑的表情。我懷著百分之兩百的好奇點開連結，呈現在眼中的竟是：「誠摯邀請您參加陳建風和夏雨彤的婚禮」。那個時候，一隻小麻雀飛到我的窗臺，用好奇的眼神，打量著眼前的新世界。

大概，這就是愛情，即使兜兜轉轉，但今生今世，最愛的還是你。

我看過很多愛情，那些愛情有的到了我筆下，有的留在我的腦海中。可每一份真摯的愛情都讓我相信：女孩，妳一定要嫁給那個對的人。此生此世，都不要放棄愛。

真愛的人，不會再次錯過。

願所有的好女孩，最後都會和自己喜歡的人結婚。

3. 我不喜歡遠距離戀愛，我喜歡的是「你在」

糖糖打電話給我，只是沒說幾句，電話那頭的她就哽咽起來，再後來更是哭花了雙眼。

糖糖說遠距離戀愛真的好苦，她要跟大南分手了。遠距離兩年間，她等啊等、等啊等，等過七百多個日夜的思念，終於對大南和他們之間的愛情失去希望。

她說那種感覺太難受了，就像漸凍人隨著時間慢慢失去知覺，愛情也在時光裡消失一般。

遠距離戀愛的戀人，就連想見對方、想觸碰對方，也變得奢侈。所以每一次見面，都無比珍貴。

我問過很多還在堅持遠距離戀愛的情侶，他們毫無意外的說：

「**遠距離戀愛**，就像跟電子寵物談戀愛，連擁抱都要依賴貼圖。他忙的時候，妳有空；妳忙了，他閒下來，感情也有時差。」

「傳簡訊，只能隔著螢幕傻笑。」

「打電話，明明聲音近在耳邊，卻無法擁抱。」

「視訊時，好想穿過螢幕，但只能想想。」

那些生活裡隨處可見的失落也在一點點累積：看到好吃的，迫不及待告訴對方，兩人卻不能一起吃，只能掏出手機拍下來；看到好玩的，第一個想到對方，可只有一個人時，妳也沒了玩的興致；幫對方買了很多東西，但只能幻想著下次見面時一起送出；夜裡睡不著了，只能摸摸枕頭旁的手機，說句：「我想你。」他不會馬上回，可妳那時候真的很需要一個擁抱。

「隔著手機戀愛」是遠距離戀愛的常態，「穿過螢幕去見你」，更是望眼欲穿的痴念。

阿嬌跟我分享過遠距離戀愛最難受的事。她說，其實遠距離最辛苦的不是「對方不秒回消息」，也不是「隔著人海山川我抱不到你」，而是「我真的很需要安慰、需要擁抱、需要照顧、需要愛的時候，你卻只能在電話另一端陪我，儘管我微笑著說沒事、我自己就可以了，可我真的好需要你」，這才是最苦、最難熬的。

妳生理期的時候，他只能說「多喝熱水，注意保暖」，不能立刻到妳身旁抱住妳；妳感冒發燒了，他只能讓妳「照顧自己」，不能為妳買好藥，衝到妳身邊把妳裹成粽子，親自為妳熬湯。

他工作忙了，妳不能替他分擔；他加班累了，妳不能照顧他，也無法為他做些營養的料理。如此這般，**兩人在各自的城市努力，卻怎麼也走不到一起**。

你們相愛，卻也敗給距離，每一次相聚，只會讓你們更加難過——這就是遠距離戀愛，像兩隻單翅的天使，只有抱在一起才能飛翔。

以「我有男朋友卻還是單身」的狀態來形容遠距離戀愛，真的再合適不過。明明有男友，卻得不到想要的戀愛；明明脫單了，卻還是跟單身時那樣一個人吃飯、一個人看電影，不是找不到人陪，只是他們都不是妳的男朋友。

「親愛的，你怎麼不在我身邊？」

「我真的好想你。」

慢慢的，妳學著孤單，習慣自由。從最初打電話的甜蜜、心酸，到後來的逐漸習慣，妳每堅強一次，就離他遠了一點。

時間給妳期望，也讓妳失望……。

我問過朋友：**「要怎麼樣才能談好遠距離戀愛？」**

原以為他要傳授經驗給我，想不到他說：「其實遠距離戀愛根本談不好，誰都一樣，最好的辦法就是盡快結束遠距離戀愛，雙方待在同一座城市。」那一刻，我才清醒——真的沒有誰能談好遠距離戀愛，每一步堅持都是死撐。而到了最後，所有的遠距離戀愛不是在一起一輩子，就是天涯此生兩不欠。

「遠距離」是一場考驗，熬得過的成了愛情，熬不過的變成青春。

有人問，為什麼遠距離戀愛那麼辛苦，還是有人不願意放棄？

我想大概是因為「我愛你，很愛你，真的很愛你」，比起時間、距離，我更不願錯過你。也許此生，最好的一句情話不是「我愛你」，而是「熬完遠距離戀愛，我們就結婚」。

是啊，我們結婚吧。

再也不想隔著螢幕說愛，對著手機打字「我愛你」；再也不想看不到你說話的表情，感受不到你怦怦跳動的心臟；再也不想在需要你的時候，只能靠聊天慰藉彼此，然後在每天清晨留下滿滿的失落。

三毛說過：「**談戀愛要落到生活的實處，落到穿衣、吃飯，這些生活的常態才叫戀愛。**」

不想在手機裡做你的女朋友，不想在手機裡呼喚男朋友，不想養電子寵物似的每天問你：「餓了嗎？」、「睡了嗎？」、「吃了什麼？」想走進你的生活，跟你一起吃飯，哪怕走走停停、距離再遠、天再冷、路再黑，也想和你在一起，說很多廢話，做很多廢事。

不想再堅強的一個人做完所有事情，不想在你面前獨立又懂事，撐過所有的苦。想在你面前哭，想要你安慰我，為我擦乾眼淚，更想要你抱緊我，告訴我「你在」。去他的堅強，我要抱抱；去他的獨立、不黏人，我是小公主，就是要親親、抱抱、舉高高。想這樣撒嬌、無理取鬧，然後鑽進你的懷抱。

讓我們結束遠距離戀愛，結婚吧。一年、兩年、三年……一輩子，我都想和你在一起。

我不喜歡遠距離戀愛，我喜歡的是你。

4. 會聊天的男人，會先……

自從公布了微信帳號，我每天都要被一些人氣死。

也不知道這些人打哪來的，尬聊（尷尬聊天）能力爆表到我佩服得五體投地，隨時隨地都能把天聊死，沒有任何難度。

例如，一上線就問：

「美女，在嗎？」

「交個朋友，妳電話告訴我唄。」

「妳住哪啊？」

這什麼？還要多尷尬？我真心疼自己，只能回：

「我不美，叫醜。」

「我不在，謝謝啊。」

「住哪？」

這些人到底會不會聊天？簡直有病。說實話，聊都沒聊過的人，一上線就問「叫什麼？電話幾號？住哪？」合適嗎？你不覺得尷尬，我隔著螢幕都聞到了尷尬味。

還有些人呢，加了我就一直傳訊息，我不回他還說我沒禮貌。拜託，傳不傳訊息是你的事，回不回是我的事吧！也不看看自己都傳了些什麼，除了「在嗎？」就是「問妳一件事」，誰閒著沒事回這個啊？

別人為什麼不回？還不是因為你說話素質低！真想對這些人說——好好聊天會死啊？非要打開天窗說亮話，怎麼自己就無法明白呢？

之前有位讀者跟我吐槽：「現在的女孩好難追。」

我覺得很奇怪，一般女孩對會聊天的男生普遍都有好感吧。於是我問：「你怎麼追的啊？」他就給我看了他們的聊天紀錄，看完我不禁「呵呵」……。

這位讀者每天準時道早安、晚安，問：「吃了嗎？」他女神的回答不外乎是：「嗯、啊、哦、睡了」，尷尬得我都不好意思看了……人家回你「嗯、啊、哦」，明顯就是不想搭理你啊。

可他還覺得自己已經很用心了，問我：「妳們女孩子不就喜歡有人天天和妳們道早安、晚安，感覺別人在乎妳們嗎？」

……我的天啊！我們真的好喜歡！好喜歡你這樣天天關心我有沒有起床、睡得好不好、做了什麼夢，好喜歡有個人天天問我吃的菜、做的事、上的課，好喜歡有個人這麼關心我！這麼厲害又有耐心天天問的人，要趕緊搶過來做男朋友啊——才怪！

我佩服這位讀者的毅力和決心，也對沒有刪掉他的女孩感到由衷的敬佩……要知道每天面對這麼尷尬的話題，還能堅持回覆的，若非真愛，就是在成為真愛的路上。也許明天，屬於他的幸福就來了。

加油，你是最棒的！

話說回來，女孩子要的到底是什麼？

之前網路上有句話：「**妳最後會愛上的，是那個願意陪妳聊天的人。**」這話可說到痛處了。女孩子雖然特別喜歡跟自己聊得來的人，容易對願意陪自己聊天的人產生好感，可聊天並不等於尬聊。

喜歡一個人，得真的用心，不是每天道早安、晚安，總是問她「在不在、吃了什麼」就夠了的。說真的，問這些根本沒用，你都沒試著走進她的生活，她怎麼會回應你的追求？

聊天之前，你不會翻翻她的社群動態，看看她的微博，先了解她的動態、喜歡吃的東西、去過的地方、想去的地方、看過的書、感興趣的話題再聊嗎？非得整天道早安、晚安，問在不在的，你是人肉GPS，天天追蹤她的定位啊？問她「吃了嗎」就算了，還問「吃了什麼」，你乾脆再問「明天吃什麼」好了。

大家都開玩笑說，會聊天的男人拯救了整個銀河系。這不無道理。

之前我有個同事，說話讓人如沐春風，大家都特別喜歡找他說話。他不帥又不高，小眼睛、塌鼻子的，可整體氣質極佳，人機靈又有趣，跟他聊天特別開心。

而我一位朋友跟我說的故事，就讓人啼笑皆非了。朋友說自己表妹去相親，碰到一個奇葩男。她表妹長得好、身材也好，從小就被人稱為小張柏芝。當時她爸媽幫她介紹的對象，一見面就盯著她看，老尋思著像誰誰誰。

表妹本來心裡還有點高興，以為對方要告訴她像張柏芝。結果那個人一拍腦袋，激動的說：「我知道了，妳像孫悟空！我就說怎麼那麼像呢！簡直一模一樣！」表妹氣得想當場走人，之後聊天更是全程臉上掛黑線，回家差點和父母吵架。

不會聊天的殺傷力太大，有些人真是一說話就暴露了自己的素質。

你說一個妙齡女子長得像孫悟空是什麼意思啊？你說你這麼直接，從不考慮別人的感受，和你說話會高興嗎？這樣下去別說找結婚對象了，女性同胞根本不願意搭理你，甚至想隨時把你加入心裡的黑名單，一百年不想見你啊，你說誰想認識你了？

我真的很好奇，這些時時刻刻把天聊死的人，大腦迴路到底長什麼樣子？是不是和常人有所不同？聊個天有那麼難嗎？非得一開口就弄得大家都尷尬？

不會聊天，那不會先傳個可愛點的表情活絡氣氛嗎？
不會聊天，那不會先去了解你要對話的那個人，有什麼愛好嗎？
不會聊天，那不會先花點心思，學學人家會聊天的怎麼做嗎？
不會聊天，那不會閉嘴嗎？能別開口就是「妳手機號碼幾號？」、「妳住在哪裡？」、「妳月薪多少？」這些問題嗎？你是查戶口的啊？

要是你說什麼，人家的回答都是「嗯、啊、哦」，那人家擺明了不想和你聊天，你就不要自討沒趣、繼續尬聊了。說實話，傾注感情、用心學會換位思考，先了解別人喜歡聽什麼，再去和人聊天，效果比你乾巴巴尬聊還要好太多了。

如果你認為打幾個字、說幾句話就是聊天了，呵呵，那這樣的天，我寧願憋死也不聊。真的，求你別找我尬聊了好嗎？跟你聊天，我不僅大腦記憶體不夠用，還容易氣得上天，老得快！

別再怪別人為什麼不回你，你先看看自己都聊了什麼。

我們很熟嗎？一天到晚問我在不在、忙不忙……我在不在、忙不忙、吃了什麼，關你什麼事？求求你別再問我了，有正事就直說，好嗎？

別總問我在不在，然後就沒下文了，對不起，我不在；也別總問我有沒有空，我對全世界有空，唯獨對你沒空，這樣可以了吧？

5. 學再多花招、設再多局，都不如改變自己

手機在桌上「叮」了一聲。

我拿起手機，打開一則新訊息：「喵，我要結婚了。」

「嗯？這可是大事。」

傳訊息給我的是阿水，我的大學同學。這幾年，我們畢業了，大家各奔東西；我們這一圈人，有的往南，有的北上，阿水始終斷斷續續的跟我保持點聯繫。其實大家平時有事聯繫，沒事就各忙各的，我享受這種關係，也樂意保持各自的獨立。

在我的印象中，阿水從不缺女朋友。在學校，聽他室友說，光是學校派出學生去實習，阿水在火車上都能撩個妹，且雙方聊得十分起勁，還沒到站，兩人就眉來眼去，交換了聯絡方式。

實習過後，那個妹子還主動來學校找阿水。阿水借錢安排她住了好幾天，自己則睡在宿舍。

「好啊你這小子，坐個火車也能撩到妹子。」虎頭有些微胖，他一把勾住阿水的肩說道。

「別說了，趕緊請吃飯。」一群人揶揄阿水。

「別鬧，又不是女朋友。」

「哎唷喂，都來學校找你了，還不算女朋友？」

「走走走，喝酒去。」阿水和虎頭擊了個拳，接著頓了頓，說：「我還真喜歡一個人了。」

事實上，阿水喜歡的是英語系的學姐，她是一大群眼鏡宅男的女神。阿水第一次看到學姐，是在自習室，那時快要期末考了，他拖著虎頭，抱了一堆專業書籍來到自習室。

「臨時抱佛腳有用嗎？」虎頭遲疑的問。

「你傻啊，還真的要啃書？當然是把老師劃的重點背下來啊。」

虎頭一聽翻了個白眼，回覆道：「那還不如做小抄呢！校門口的影印店有在專門印小抄。」

「那可不行，萬一被看到了很麻煩，划不來。分數我不要多，及格就好。」阿水平常看上去油裡油氣，見個女孩就吹口哨，但關鍵時刻還是會分輕重，這點讓我們覺得他心眼不壞、愛恨分明，還有點可愛。

那天，學姐穿了一件素藍色的連衣裙，逆著光坐在阿水對面，盤著頭髮在聽英語。自習室裡，安靜得只剩翻書聲，學姐低著頭，重複唸著英語。阿水看呆了，可想而知，那天背重點的計畫也隨之泡湯。

阿水第一次覺得女生可以那樣美好，第一次覺得自己那顆撲通跳動的心不再屬於自己，那是一種無法形容的愉悅。

「虎頭，下午坐在我對面的是誰啊？」出了自習室，阿水邊走邊問。

虎頭差點把下巴驚掉了，說：「不是吧，你竟然不知道咱們院女神？」

「美，真美！美得我都不敢說話了。」

「有這麼誇張嗎？」虎頭挑著眉毛說：「你小子閱女無數，辣手摧花都數不清了，還真動心啦？」

「就這麼誇張。從此以後，我林彥水就只有一個女神了。」他朝虎頭拍拍胸脯。向我們敘述這段往事時，虎頭非常誇張的和我們比劃阿水那時意志堅定、彷彿變成忠貞小娘子的表情，然後喝了一大口鹽汽水，「我敢打賭，他林彥水絕對喜歡人家不超過一星期，賭輸了請你們吃海底撈。」

後來阿水拉著我們，跑到學姐宿舍樓下擺心形蠟燭、撒玫瑰花，搞得宿舍保全提著手電筒，氣沖沖的來女生宿舍前，大聲喝斥：「吵什麼吵，不睡覺啊？」最後學姐款款下樓，看得十分感動，然後收了花——並拒絕了他。

看著女神離去，阿水傷心的把口水、鼻涕、眼淚，全蹭在虎頭剛買的白T恤上。那天的虎頭特講道理，他一邊拍著阿水的背一邊說：「不是我們的，別強求；若是我們的，怎樣都會是我們的。」然後請我們吃了海底撈，配上一箱酒，期間阿水喝吐了好幾次。

另個朋友顏顏在洗手間搓著手，對我說：「他可真動心了。」

我看著嘩啦啦的流水，重重的點點頭，心裡想：原來浪子真會回頭。

過了不久，學姐考上了研究所。我們忙著寫畢業論文，這事誰也沒提起過；再後來，阿水沉默了，彷彿一瞬間長大了。

有人說，人是一瞬間變老的。其實我覺得，長大也是。

阿水一改往日嬉皮笑臉的模樣，變得很內斂，也許是因為得知學姐跟學生會會長在一起了；也許是因為快畢業了，忽然慌張起來；也許沒有也許……這誰也說不準。一個男孩若要長大，是真的可以一夜之間就成長的。

在那之後，我們畢業了，面對著外面的電光石火，用每一個清晨的陽光去吞噬每一回黑夜的心傷，即使經歷過無數次的撲通倒下，又無數次的站立昂揚。生活就是這樣，不能反抗就躺著享受吧。如此周而復始，盛世難忘。

很久以後，阿水打電話給我。按下接聽鍵的那一刻，他濃重的鼻音還是讓我瞬間回到從前。

他說：「其實我想通了很多事。也許在很多人眼中，尤其是不熟悉我的人眼中，我是個花心蘿蔔，生活沒規矩、好色又貪心，大學就是混混日子、撩撩妹。就這麼混過去就好，這輩子也這麼混過去就好。

「以前我真的打算這樣，像是一攤扶不上牆的爛泥。可是，喵，妳知道我為什麼會喜歡她，而且是真心的喜歡她嗎？這世上很多人比她好看，我也交過很多漂亮的女朋友。可直到我看到她，才知道**有一種美叫『氣質』**。

「那天，我看著她直直的坐了一個下午，戴著耳機不斷重複那幾句英文；她的嘴巴張張合合，工整的筆記放在一旁，彷彿身旁再無他人、彷彿世界與她無關……那種專注讓我著迷，我好久沒見過一個這麼認真的人。

「或許，只是陽光暖得剛剛好，又或者我喜歡的是她認真的樣子。我這樣的人，看著渾身閃亮的她，內心突然覺得自己活得很糟糕。」阿水像是對我說，又像喃喃自語一樣。

我端著茶，看熱氣浮了上來，打個圈便消散了。

一年後，阿水考上了在職研究生，學的是他一直喜歡的心理學。再後來，收到他喜訊的那天，我在冷氣颼颼的辦公室裡，儘管外頭的太陽那麼熱烈，溫度卻很遙遠。阿水和一位同校的女生在一起了，兩人的指導老師是同一個。此外，他們因為聊得來，便慢慢的越走越近。

虎頭收到消息時開玩笑的說：「你就這麼把你的女神忘了啊？還記得當年在我T恤上痛哭的慘樣嗎？」

阿水透過電話回覆：「能不能別那麼幼稚啊？這都陳穀子爛芝麻的事了。不就是在淘什麼寶上面買的布嗎？賠你一件可以吧？」

「哈哈哈！」虎頭突然認真的說：「阿水，有空一起聚聚。」

「好啊，來參加我的婚禮啊！都發電子請帖給你了。」

「一定！」

他們的婚禮辦在六月。我從前一直很喜歡六月，因為夏季是一年中最熱烈的季節，就好像死掉的一切，全在夏天又復活了一樣。

我看到阿水穿著筆挺的西裝，仔細的整理別在左邊的領花；他就站在那裡，看著自己的新娘身穿聖潔的婚紗，挽著父親，一步步走向他，目光裡滿滿都是愛。那時候，我的眼眶溼潤了，也不知道是因為婚禮氛圍太感人，還是因為那時候的我，又相信「愛情」了。

我能感受到當初那個男孩確實長大了，他有了責任、有了擔當、有了想要保護所愛之人的勇氣——所愛隔山海，山海俱可平。

「從今天起，我的女兒就交給你了。」女孩的父親說著將女兒的手放在阿水手裡，用力的握了握。

「爸，你放心，我一定會用一輩子去愛你的女兒，我的妻子。」完成這個儀式，就好像把這份心意都表達出來，把結果給了未來。而那一刻，只剩愛。

阿水牽著新娘的手，來到麥克風前。那時候，燈光打在他身上，他說道：「今天，想跟大家說些心裡話。首先要感謝我的親朋好友，能來參加我的婚禮。其實幾年前的我，還是個小混混，不僅沒有理想，甚至沒有未來的得過且過，想著隨便過、賴著活就好。

「我交過很多女朋友，並在她們需要的時候主動慰問。我向她們說晚安，也陪她們逛街，雨天在傘下擁吻她們，晴天帶她們去喝清涼的甜品；我還會擺心形的蠟燭，在她們宿舍樓下大聲喊『我愛妳』。那時候我覺得，只要我想要的女孩，沒有一個得不到；只要我想精心設局，沒有一個可以敵得過我的攻勢。

「可是呢，我後來遇到了一個女生，我承認，她是我那時候的女神。在那個時候，看著那麼優秀的她，我竟然第一次那麼討厭自己，那種感覺就像吞了一隻蒼蠅般噁心。但我想說的是，我很感謝她，感謝她拒絕了我，也感謝她讓我認識了自己。

「這說出來不怕我老婆不開心，也不怕大家笑話——我曾經為了追求她，拉著一幫損友去買蠟燭和玫瑰，半夜擺成愛心給女神看，平時更對女神噓寒問暖。我一直覺得這些花招屢試不爽，可後來發現，原來有些感情根本無從設局啊，好比兩個人一個在天，一個在地，**差距是無法逾越的鴻溝**。也是那時候，我才明白，自己不能再這樣玩世不恭的過一輩子了，我一定要改變自己。

「**當你自己更好的時候，才配得上一段更好的愛情**，不是嗎？所以，感謝所有我錯過的人，讓我遇到了今天站在我左邊的摯愛；也是因為我變了，才配得上這樣一個最特別的妳。」說著，他轉頭看向身邊的新娘，眼睛裡淚光閃動。

「雖然他們都說我是『設局大師』，但從今以後，我只想設下專屬於妳的局。妳願意嫁給這樣的我嗎？」

「我願意！」

說完，場下掌聲轟動，在座的人無不為這番肺腑之言所感動。

時間像是一隻無邊無際的大手，將生活的反面覆蓋過去。隨著夜幕降臨，所有的今天都會死去，所有的明天都會復活——包括愛。這個世界就是如此，真的你看不到，假的你也看不出呢！

恭喜你，終於進入了我的圈套，我會以愛之名，套牢你一輩子。
現在，看著我的雙眼，你要相信我愛你。

6. 情人間的儀式感，到底重不重要？

有一段時間，我在北京旅遊，某天收到寶寶的私訊。寶寶說，知道我正好出去玩，打擾到我也有點不好意思，可有個問題特別想問我。我就說：「寶寶妳說吧，我在呢。」於是她描述起了她跟男友的事情。

她和男友在一起兩年了，但他不記得他們的紀念日，更不會買什麼禮物，她生日也從來沒有收到過花，頂多兩人一起吃頓飯。她有時候也想：跟男朋友在一起，兩人好好的就可以了，不用講求那麼多事情沒關係。

可是，每當看到好朋友談戀愛甜到蜜裡，男友天天接送她們上、下班，她們還總是收到禮物，她心裡就很酸。於是她悶悶不樂的向男友要禮物，男友卻說：「那些都沒什麼意義，我們不如存錢買房啊，買那些多浪費。」

得到這個答覆的她很委屈的問我：「跟男朋友要禮物是沒意義的事情嗎？」

說實在的，我看到這裡就不高興了。

憑什麼啊？這個男朋友不知道自己的另一半就是喜歡禮物，喜歡有人買禮物討自己歡心嗎？女孩子的想法其實很簡單的，有時候她覺得你在乎她，哪怕只是送她一封手寫信、為她唱首歌，她都會很開心。

在很愛的人面前，她真的可以不要什麼貴得要死的東西，諸如大鑽戒、名牌包等奢侈品，只要禮物能夠體現你足夠珍惜、看重她的心意，她就心滿意足了。畢竟一個禮物的意義不在於它有多貴重、多好看，而在於你為她花的心思，和你對她的情意。

這就好像有人問我，戀愛過了熱戀期，還要跟對方說「我愛你」嗎？還有必要嗎？當然有必要了，人家八十歲的老夫老妻還要手挽手逛街、秀恩愛，你才二十多歲，就捨不得跟你愛的人說愛了嗎？

「我愛妳」說一次哪裡夠？得天天說，不要總放在心裡，愛就大聲說出來。喜歡她、在乎她，就該為她花心思買禮物。

這讓我想起有一次，一位男讀者靦腆的和我說，特殊節日快到了，不知道該送女朋友什麼禮物。我隔著螢幕都覺得開心呢！你想啊，一個男孩子為了不知道要送女朋友什麼禮物而不知所措，那單純的樣子還真是可愛。

要知道現在很多男孩要麼發個五二〇元的紅包，跟女朋友說自己喜歡什麼就去買吧；要麼就是隨便買個貴一點的包，以為她肯定會喜歡。這樣的情況實在太多了，很多男孩什麼都想用錢去解決，覺得這樣省事；相比之下，還願意為女朋友花心思的男孩子實在太少了。

於是我很認真的問那位男讀者：「平時注意過女朋友想要什麼了嗎？你不知道的話，就去看看她網購的購物車還有社群動態，說不定就知道了。」

他想了一會兒說，最近他女朋友好像迷上了一款口紅，但他分不出色號，就把圖傳給我看，讓我替他解惑。我接著請他搜尋一下他那裡有沒有專櫃，後來他找到了，說等等下班就去買。

我問：「遠嗎？」

他說：「不遠，只要她高興，我去哪裡都不遠。」

你看啊，喜歡一個人，無論怎麼都不嫌麻煩；她就算想要天上的星星，你都會想辦法弄下來，弄不下來，也會幫她做個夜空星光瓶。只要她開心，你就願意去做那些事，哪怕再遠、再困難——只因為愛妳，我就願意；只因為是妳，我都不怕。

後來他執意要感謝我，我就笑著說：「好好珍惜和你女朋友之間的感情，兩人相處不容易，一定要珍惜這幾十億人中遇見的點點緣分啊！」

他說我這樣的好女孩，一定也會找到很疼愛自己的人。我則哈哈笑著，說：「以後會有的。」

某天坐公車時，八八睜著魚泡眼，看著窗外的夜色，「剛看到一個朋友說：去年這時候還在想辦法跟男友要禮物，現在那些東西都能自己買了，這就是長大。」

我就說：「這話沒錯，是成長，但聽起來怎麼那麼酸呢？」

自己能掙錢了、長大了、能買自己想要的東西了，可是當妳向妳愛的人要禮物，而他也願意花心思送妳，這不是更高興嗎？自己買的和別人送的，東西雖然一樣，但感覺並不一樣——因為別人送的，是專門送給妳的。

妳的確該想辦法跟妳男友要禮物，不管是直接開口要，還是丟連結，讓他定期清空購物車，我就不信他一點都不懂妳的意思。如果妳的男朋友連禮物都捨不得送妳、不肯為妳花心思、你們之間重要的日子都不記得，連妳生日都只是送妳一個毫不特別的紅包，這樣的男朋友根本不夠愛妳、不看重妳，那你們還在一起做什麼？是要留著過年嗎？

連送禮物這麼有儀式感的事情，男朋友都不肯為妳做，還說這些沒有意義，甚至唸妳也老大不小了，別只想著浪漫，**這樣的男人妳就別要了**。

女人就是需要哄、需要寵、需要浪漫，如果愛情連浪漫都沒有，只剩下生活的柴米油鹽，那麼草率又缺乏儀式感，怎麼過得下去呢？

女孩子呀，其實真的不用你送她多貴重的東西，畢竟二十出頭的人都正在為未來努力。這時候，她選擇和你在一起，本來就不是看重你有多少錢，是因為她愛你。反正錢會掙得越來越多，生活也會變得越來越好，對於她們來說，真正的愛才是最重要的。所以你愛她，就去花心思了解她到底喜歡什麼東西吧，不要覺得送禮物是一種形式，並不重要。

哪裡不重要啊？你帶著禮物、抱著花走在路上，只為了見她、討她歡心，當她看到你這麼努力的為她精心準備，她一定會在接過禮物的時候，笑得比花還燦爛。那樣的笑容，難道沒有意義嗎？

如果這樣，你還是覺得沒有意義，那我只能說你真的太不用心、太不懂女孩子的心，也太不珍惜你們之間來之不易的感情了。**戀人之間需要儀式感，因為儀式感能讓對方感覺到你的用心**，儘管禮物只是形式，但能表現出你對她的真心。

那什麼是愛呢？就是「只要是為了妳，一切都值得」，而且沒有任何藉口，能夠克服所有困難。

愛之所以偉大，就是因為它會讓懦弱的人變得堅強，讓膽小的人變得勇敢，讓剛強的人變得柔軟，讓遲疑的人變得篤定——因為**愛一個人，真的可以奮不顧身**。

妳的確該想辦法向妳的男友要禮物，但並不是要妳拿這件事去衡量他對妳的愛，而是從這些細節裡，看出他對妳的用心。我相信真正愛妳的人，一定會懂妳的心情，所以，去告訴他妳想要什麼吧。

而男朋友呢？快去幫你的女朋友買禮物吧，那就是證明你愛她的一種方式。

7. 別說努力無用——好好想想你做過什麼

經常聽到老一輩們感慨，現在的年輕人什麼都不會，只會玩手機和電腦，把這些時間當成生活的全部。大過年的，問他們春聯怎麼寫，大部分人都說去網購；問起餃子怎麼包，就說用包餃子神器，還可以去買手工水餃。就連十歲的小孩子，都在飯桌上玩起了電子遊戲，媽媽在左邊替他夾菜，爺爺在右面幫他擦嘴。

我不禁暗嘆，隨著科技越來越發達、生活越來越智慧，人卻越來越懶惰了。很久不動筆，心會漸生苔蘚；太久不用腦，也會變得鏽跡斑斑。

我們這一代不管是傳統的文化，還是匠心精神，都丟失甚多。我也不例外，家裡每年的醃菜、醬菜我不會做，晒的乾貨如臘腸等，我也不會做；逢年過節的習俗記不住，像冬至養生吃湯圓、八寶粥，頭伏吃雞（按：夏至後第三個庚日起，每十日為一伏，分別為初伏、中伏、末伏，是一年中最熱的時候；其中初伏又稱頭伏，吃雞是因為炎熱易出汗的天氣裡，體能消耗較快，故要多補充營養），三月三吃地菜煮蛋（按：中國江南一帶俗話，指三月三日前後一週都可享用這道料理以祛風溼、清火；地菜即薺菜，營養含量高），七月十五前要替逝去的親人燒點財物，好好祭拜……這些事都需要老一輩提醒。

我們的生活裡，大概缺失了很多這樣的傳統。我們的生活被工作、外賣、手機等占滿，這既是便利也是人情寡淡的體現，是快捷不費腦也是懶惰不自知的生活方式。當一個人太懶了，身體就會變得笨重；**當一個人太愛幫自己找藉口，就會失去很多原該擁有的機會。**

逃避、懶散、揮霍青春、滿口謊言……這些本來應該從我們的生活裡剔除的負能量，卻占用了我們大部分的時間。有的人明知該獨立，可二十幾歲還要靠父母養；有的人頻繁換工作，總是挑三揀四、成天抱怨，可生活哪會處處如意；有的人因為情感破裂就一蹶不振，直到回過頭才發現生活還是那樣，只是自己沒有長大；有的人愛幻想，畢業頭一、兩年躊躇滿志，可時間一久就原地踏步；還有的人明知要改變，卻始終無動於衷，一拖再拖，最後只剩悔恨。

在你抱怨生活的時候，其實生活也在抱怨你。你看你夢魂顛倒的作息時間，看你三餐不繼後脆弱的軀殼，看你消磨著最美好的時光卻一無所獲，看你感慨別人家庭好、學校好那憤世嫉俗的眼神——一年又一年，你荒廢了夏天，虛度了秋天，浪費了冬天，又迎來一個蒼老的春天。

沒有什麼時光比二十幾歲來得更好了。

臨床心理學家梅格．潔伊（Meg Jay）在TED演講《二十歲的人生不能等到三十歲才開始》（*Why 30 is not the new 20*）時說：「年輕人，**不要為你究竟是誰而煩惱，你要開始思考你可以是誰，並去賺那些說明你是誰的資本**。」

社會中許多機會都從建立關係開始，不要把自己封鎖在小圈子裡，要走出去。記住，你可以選擇自己的家庭，就算三十歲結婚，現在選擇和什麼樣的人交往也至關重要。如果你正在胡亂對待生活，假以時日生活也會全部奉還。

二十來歲隨便挑個工作，在二十五歲時後悔莫及；二十來歲隨便找個對象相處，終於在往後的時光裡，彼此之間的感情變得拙劣……是不是想想都覺得可怕？所幸年輕的好處，恰恰是有時間改變和創造。

《阿甘正傳》（*Forrest Gump*）裡寫道：「我不覺得人的心智成熟是越來越寬容包涵，什麼都可以接受；相反的，我覺得那應該是一個逐漸剔除的過程，知道什麼重要、什麼不重要，而後做一個純簡的人。」**明白自己的心，活在當下，接著找回漸失的傳統，不斷的修正和改變，而後做一個簡單明快的人**，或許才是一個年輕人該認真思考的事。

好吃懶做的人是沒有好下場的，恰如《笑傲江湖》裡說的：「各有因緣莫羨人。」我希望你會思考，不是只看到別人的好，要去想為什麼別人能成功。別看完文章就拋在腦後，別寫滿計畫卻不去執行，別給自己找藉口，**別說努力無用**，你該做的，是**好好想想你到底做過什麼！**

抱怨只會徒增浪費時間的砝碼，我希望從今天起，你會做出改變，活出自我。

8. 女朋友想分手的六個瞬間

妳和他說完最後一句話，隨即把他刪了。然後妳會想，究竟是哪個瞬間，讓你們放開了彼此的手……。

1. **他的心不在焉，讓妳心裡冷卻**。

今天週末，結束了一個星期的忙碌，妳說想和他去外面吃一頓。他點頭，卻興致不高；一路上，**無論妳說什麼，他都淡淡的回應**，好像事不關己、興味索然。當妳停下了腳步，他卻自顧自往前走。儘管妳有點不開心，但只是搖搖頭，努力擠出一絲笑容。

嘈雜的飯店、沒有食欲的飯菜，而你們在嘈雜裡安靜沉默，妳的心裡也越來越冷。他就像沒看見妳的難過和沮喪，自顧自想著那些妳怎麼也猜不透的事，妳的眼神因此黯淡了。

吃完飯，他沒有再牽妳的手。那一瞬間，妳不想要這段愛情了。

2. **他的眼睛裡沒有星星了**。

他有點受不了妳的敏感，覺得妳怎麼可以這麼驕縱任性。他開始加班到很晚，然後你們冷戰。妳搬出了你們同居的房子，不再打電話給他，他也不再和妳說晚安。你們表現得像什麼事情也沒發生一樣，很開心的和旁人說笑，卻隻字不提彼此。

兩週後，也不知道是誰先主動聯繫另一方，你們在樓下的咖啡廳見面，眼前的他讓妳覺得好陌生。妳看著他，說著話，只是他不再回應，他的眼神裡也沒有星星了。

這真的不是妳敏感，**一個人愛不愛妳，妳怎麼會感受不到？**愛情啊，就算捂住了嘴巴、堵住了心口，還是會從眼睛裡露出來。

有那麼一瞬間，妳想分手了。

3. **屢次加入黑名單，終於成真**。

妳第一次把他加入黑名單，下了好大的決心，看著他的大頭貼，猶豫了三天。

妳第二次把他加入黑名單，已經不猶豫了，只是告訴自己，別再取消黑名單。

妳第三次把他加入黑名單，沒有太多感覺了，只覺得他連妳把他加入黑名單都不知道，還有什麼意義……。

記不清是第幾次了，妳把他加入了黑名單、刪好友、換大頭貼、換封面，接著刪去他的號碼，再丟掉他送的禮物，之後痛哭一場。

然後，就真的沒有然後了，他沒有再回來。

4. **他還是忘不了前任**。

妳無意間看到他的微信，發現他和前任還有聯繫。

妳用他的微信搜尋關鍵字「晚安」，出現次數最多的那個人是他前女友。妳這時才反應過來，為什麼上次陪他看完《前任3：再見前任》（按：一部中國愛情片，是

《前任攻略》系列的最後一集），他跑到洗手間待了那麼久，是去聯繫前任了嗎？

他洗完澡出來，見妳一言不發，擦著頭髮問妳怎麼了。妳把手機給他後，他慢慢的不再擦頭髮了，就這麼沉默良久，最後他看著妳說：「**我就不能有點回憶嗎？**妳非要這麼任性？」

妳笑了，那一瞬間，妳只想遠離眼前**這個噁心的人**。

是的，妳的愛情裡容不下一粒沙子。

5. **妳不回頭，他不挽留**。

妳已經記不清你們是第幾次吵架，又因為什麼而爭吵。

他說：「太累了，我們真的不合適，算了吧。」妳很想跑過去擁抱他，但理智告訴妳不可以。曾經你們約好，不吵隔夜架，可那天你們真的吵到心灰意冷。曾經快樂的兩個人，現在說說笑笑也能馬上翻臉不認人。

那天早晨，妳走出門，身上沒帶鑰匙。妳坐在樓下的花園，努力尋找那個屬於你們的家。妳還以為他會打電話給妳，不過他始終沒有這麼做。

坐了一會兒，妳上樓了。那時候，妳真的想分手了。

6. 愛妳已變成一場不愉快的體驗。

妳和他吃完最後一頓飯，妳趁著最後一次端詳他，思考究竟是什麼讓你們相處不愉快了——是太多爭吵、冷戰和埋怨，也是太多數不清、道不明的失落。他並不能給妳幸福，妳也不是他的港灣。

其實回頭想想，愛情讓你們都成長了，但你們終究不是彼此的歸宿。即使妳很愛對方，只可惜沒有時間去賭、去等了。

妳沒有哭、沒有笑、沒有祝福，心裡很平靜。妳說：「就這樣吧。既然我們無法繼續相處，也不能繼續在一起，那就分手吧。」一說完便轉身離開。儘管有些難過、有些傷痛、有些不捨、有些委屈，但這一切都會過去——妳終於還是分手了。

9. 為什麼越好看的女生越沒人追？

剛上大二的表妹找我聊天，說宿舍裡的同學都有男朋友了，她問我自己是不是太醜，才會沒有男孩子追。我就覺得奇怪了，我表妹不醜、身材好、皮膚好，去哪都不會被當成路人，怎麼可能沒有男孩子要追？

我問她：「是不是妳要求太高，把人都擋在門外？」

表妹連忙否認：「真的沒有，我們就吃飯、聊天，然後沒什麼話說，就這樣不了了之。」

我說：「那你們聊了什麼？」

「沒什麼呀，就是對最近一些事的看法，還有彼此的學業、規畫、看過的電影什麼的。」

我表妹是一個滿有想法的人。我問她喜歡什麼樣的男生，她說成熟穩重、有獨立思考能力的。那時，我就明白為什麼漂亮的表妹沒有人追了——因為在她身旁，尚未出現一個能和她暢所欲言的人，或者說，同齡的男生對她來說還資歷尚淺。

說起來也挺巧的，那次吐槽後，表妹參加比賽認識了一位談吐不凡的男生，兩人之後變成朋友，從彼此欣賞到喜歡，進而很自然的在一起，**沒有誰絞盡腦汁去追求誰**，有的只是相互吸引和珍惜。

表妹這才有所體悟：「原來好的感情並不需要做過多的事啊！」

我有幾個讀者也提過同樣的現象，說身邊好看的女生都沒人追，反倒是那些長得一般的女生很搶手，沒過多久就有對象了。一個女孩被人追固然是件值得高興的事情，那證明她受歡迎；可要是同一個女生被很多人追，就不一定是好事了。

被很多人追，也許不是這個女生多漂亮、多優秀，只是因為在男生眼裡，她很好追——**這樣的女生，男生不需要下多少本，就能賺回來**；不需要為她花多少心思，只要甜言蜜語哄兩句就追到手了；更不需要帶她去外面的世界、不需要想盡辦法討好她，只需要告訴她：「嘿，妳很漂亮，做我女朋友好不好？」她就會點頭答應，和對方在一起。

但這就好比超市裡免費送的飲料，和要花錢、花時間挑選的紅酒，如果是妳，會喜歡送的飲料，還是精心挑選的紅酒呢？漂亮的女生在那些男生眼裡，就像紅酒一樣難挑，而且很多時候都覺得對方肯定有對象，追也沒有用。考慮到機會成本小、卻有高回報，好追的女生當然更吃香了。

不過這些，精明的男生才不會告訴妳。

其實男人一直對這個世界的利弊得失特別敏感，今天看到一個女生覺得沒有難度，就開始進攻和追求她；明天看上一個稍具魅力的人，又蠢蠢欲動。

有的男生追求一個女生，並不是因為愛她，僅只是因為他想贏，他的自信心不允許他拿不下那樣高傲的女人。

還有的男生追求女生像在算一筆帳，盤算著自己有多少籌碼、需付出多少時間和精力，才能回收期望和感情，並在這樣自以為是的公式裡剔除「好看又超難追」的女生，接著是「好看但有點難追」的女生，直到降低標準到「長相一般、身材一般、工作一般、什麼都一般——但好追」的女生，給她一個公主的奇遇，以及未來的幻想和希望，讓她平淡的世界裡因為他而有所不同，慢慢的就追到了。因為他知道這樣的女生，才是他付出的最小代價裡，所能得到的最高回報。

這就是為什麼現在越來越多男生都不追女生的原因了，因為**高成本、高風險、低回報**的漂亮女孩，並不值得他們冒險。

網易雲音樂（按：中國網易公司透過旗下品牌網易雲推出的音樂平臺）裡有一則評論我非常喜歡：「如果有很多異性追求妳，那妳首先要做的就是反省自己：是不是自身不夠優秀，才讓那麼多人有自信去追求妳？而不是沾沾自喜的以為自己很受歡迎，原來自己很優秀。」

所以女孩，如果被很多人追，也許說明妳的門檻低，讓太多男人不費力氣就輕鬆到手。

而好看的女生就難追多了。因為她們不僅外表美，骨子裡也很美好細緻。她們不會在乎一個男人三天兩頭和她們說的「早安、晚安」，不會在乎男生們臨時抱佛腳送的禮物，更不在乎那些她們早已看透的花招和虛情假意。

她們要找的是和她們**旗鼓相當**、**同樣聰明有趣**的人，這才是她們心中外貌、品德兼備，還很懂她們的成熟伴侶。這些男人不僅口袋有錢、心裡有數、腦子裡有料，同時能給她們更開闊的眼界。

所以啊，好看的女生要有自信，自信是一個女人最大的美麗。妳沒有人追，只是因為妳身邊沒有一個人入得了妳的眼，妳可不能放低身段，去迎合那些眼光只專注在妳的頭以下、腰以上的男人。

況且，長得好看又萬裡挑一的妳，何必羨慕別人的愛情？那些好追的女生和追她們的人也就那樣了，比起濫竽充數的愛情，單身、貌美、有趣不僅更好，而且好上一萬倍好嗎？再說了，長得好看沒人追不是很正常嗎？因為太好看、太優秀了，別人追不上唄。

優秀才不需要解釋呢！

10. 愛一個人別用力過猛

我發現現在的年輕人，真的不會談戀愛了。十幾歲時，沒對象；二十幾歲時，沒愛情。

前陣子，一個男生跟我說他女朋友是個瘋子，不僅監視他的微信聊天紀錄、社群動態、微博，還要知道他一個月打過電話給多少人。

他是做商務的，時常出差。每次出差，他除了向主管報備一份日程之外，還得替女友弄一份，而且每天睡前絕對要跟她說「晚安」，出門也要傳定位給她。有一次他太累所以忘了，第二天一睜開眼，赫然發現女友差點沒把他手機打爆——共有兩百多則訊息、二十通未接來電、N則語音留言。

他看到覺得不妙，連忙打電話給女友，剛想對她道歉，誰知女友對他就是一頓數落，說他自私、讓人擔心，害得她一個晚上都沒睡。

他對女友說：「妳什麼時候這麼敏感了？妳知道這樣給我多大壓力嗎？」想不到女友回他：「我那麼關心你，你還罵我，你真的一點都不愛我！」說完便哭了起來。他真的不知道該說什麼，只能強忍著自己的情緒，安慰她一會兒，然後掛了電話。

那時候他的心裡只剩下一個字：煩。說實在的，我隔著螢幕都能感覺到他對這段感情的低氣壓有多重。後來他跟我說太累了，分手了，希望以後找一個理智一點、不看那麼多網路文章的女孩……他只想要簡單的愛情。

換我說說我對這事的看法吧。

我覺得男生這樣已經很不錯了，能夠長期接受女朋友監視微信聊天、社群動態、微博，這本身即為一種很大的信任——就是因為心裡沒鬼，知道這樣做不會怎樣，才給女朋友看的啊。

這時女生還要逼著出差工作的男友，每天向自己說晚安、傳定位，這就有點過分了。我理解女生患得患失的心情，也知道她是很在乎一個人，才想知道他的近況，可是……他既然都可以把手機裡的隱私給妳看，妳還想怎麼樣呢？妳應該要做的是**相信他，多給他一些空間。有時候，太愛一個人，終究會用力過猛，適得其反**。

我不知道現在女生看多少網路文章，但據我所知，網路洗腦文確實存在，而且還不少。這些文章要麼教男孩子追女生得適時設局，要麼要女孩子找個把自己寵上天的男人，要麼就是教大家如何經營婚姻。可它們大部分標題和觀點都特別武斷，像是：

「他愛不愛妳，看這幾點就知道。」

——愛一個人看幾點就知道了？那還用得著談戀愛嗎？

「他不秒回妳，就是不愛。」

——秒回訊息，也不一定是愛妳啊！

「會這樣寵女朋友的男生才能嫁」、「他愛妳，會不遠萬里、不辭辛勞的坐二十八小時硬座（按：中國國家鐵路線上，客運列車車廂內設置的一種座椅類型，舒適度最低，但票價最便宜）來看妳」、「他愛妳，就算洗澡也要擦乾手來回覆妳」、「他愛妳，就是要為妳花錢，為妳買妳想要的一切」……。

——上面這些都不會做的就是不愛妳？有這種事？

然後很多妹子就當真了，覺得男朋友不主動找她，就是不愛她；洗澡時不回覆訊息，就是不愛她；睡覺前沒有和她說晚安，就是不愛她；不買她喜歡的東西，就是不愛她……。

我很納悶啊。

親愛的，萬一妳的男友就是個不喜歡聊微信、不愛打電話的人，就是個沒有說晚安習慣的人，就是個洗澡不愛被打斷的人，就是個還不知道妳喜歡什麼，而妳自己也沒說過的人呢？

一個人愛不愛妳，要用眼睛看、耳朵聽，並用心靈感受。**不是哪句話沒說、哪件事沒做到，就表示不愛妳啊！**他愛不愛妳，只有妳自己才知道，別人知道什麼啊？

很多人都說：都二十幾歲了，我還談不好戀愛，真羨慕父母那一代，牽手就是一輩子的愛情。

可你們有沒有想過為什麼談不好戀愛？為什麼不會與愛的人相處？為什麼父母那代的感情就特別簡單？為什麼？因為從前沒有那麼多計較、設計，大家都是真心交往，喜歡就在一起，不喜歡就說清楚，祝福彼此。哪有現在這麼多精心策劃，不喜歡還吊著對方，享受著別人對自己的付出。

而且女生特別容易當真，也特別敏感，看著那些網路文章，就覺得自己的男朋友對自己不好。說實話，每一個身為文字創造者的作者，都有他個人的想法，他會遇見什麼樣的人、做出什麼事，只有他自己才知道，而這並不表示他做了，妳也可以那麼做。妳可以贊同、支持，但他只是把經驗和方法教給妳，至於要不要學著做，取決於妳本身。

雖然網路文章教妳談戀愛，但要把戀愛失敗全怪給網路文章，那就不合適了。還是那句話——**不要把網路學來的愛情心法作為妳戀愛的唯一準則**。真誠，比什麼都來得重要。

而且就算是愛情心法，也是別人走過的路。妳可以參考、借鑑，但絕不可盲從，畢竟妳不是他，他也不是妳。那麼愛一個人要刻意營造嗎？要，但營造的前提必須足夠喜歡和真誠。妳可以記錄他的愛好、他喜歡的一切，慢慢變成他喜歡的人。

最後跟男生說幾句：

你的女朋友在乎你，對你驕縱任性，有時候是因為她不懂事、患得患失。但你如果知道她這樣，還對她不聞不問，這就是你的不對了。你要及時給她安全感，若是真的有事，也要在忙完後第一時間打電話給她，永遠不要讓愛你的人太擔心。

也想對女生說幾句：

別總是用網路、電視上，還有從別人男友那裡聽來的話、看到的事，去要求妳的男朋友，有時那些對你們的愛情而言，並不一定全部適合。他要是愛妳，妳一定看得出來也感覺得到，不要總是一味索取。兩個人在一起相處，就是要互相體諒，學會站在不同角度分析和思考問題，學會分辨和擁有自己的主見，這才是妳在一次次戀愛中要學會的東西。

世上沒有多少一百分的人，只有兩個五十分的合適的人。所以，遇到合適的彼此，牽手了走在一起，就要互相珍惜，別覺得你們以後的路很長，時間一晃就過了。好好珍惜眼前人，餘生，請多指教。

11. 哪有這麼多喜歡和愛啊？全是磨出來的

老實說，我以前脾氣很糟糕，任性驕縱、不可一世，連我爸也常說：「脾氣得改改，不然真的沒人要了。」對此，我過去真的挺不以為然的，覺得愛一個人，就會包容那個人的全部；包容不了，就是不夠愛。所以直到很久以後，我依然肆意妄為。

我發脾氣的時候，男朋友選擇什麼都不說，甚至可以容忍我的轉身就走。後來，我才知道曾經的他對我有多好——我總會想起他心裡氣憤、卻又不忍對我發脾氣的樣子，也總會記得他默默等我氣消，明明眼睛都受傷了，還是因為放不下我而主動找我道歉。

大概愛一個人就是這樣，因為喜歡，所以甘願忍受對方的壞脾氣。

但那時的我驕傲得像個公主，把他對我做的一切視為理所當然。我遲到，他必須等我，他不許遲到；我可以沒空，但他必須為我有空。都說人是會變的，就像升上高空的熱氣球，總有燃料耗盡的時候；熱水過了沸點，溫度終究無法繼續攀升。感情也是如此。如果一方總在付出，而另一方總是索取，那麼即使再愛一個人，都會感到疲倦，最終不想再愛。

那時的我還不懂愛，也不懂包容；後來經歷了很多，才懂得愛情是兩個人的事。既然我從未為他做過什麼，又怎能像強盜般搶走他所有的愛？

一直到分手，我都是他失敗的女朋友。

我見過很多愛情。有從高中時代一路走過大考、大學畢業，終於修成正果，順利嫁給初戀的純愛；也有一方苦苦追求，被追求的另一方高高在上，雖施捨下憐憫的橄欖枝，卻在一、兩個月的厭倦裡撒手而去的苦戀。

我曾經問過嫁給初戀的女孩：到底怎樣才能保鮮愛情，讓兩人磨合了九年，還是沒放開彼此的手？

她只是笑笑，淡淡的說：「寬容、理解、陪伴與忍耐，是愛情永恆的真諦。我們大學時是遠距離，有時我真的很需要他在身邊，可他不在，我就會想任性一點，也很想發火，難過自己有男友卻像沒有一樣。不過我都忍下來了，因為我很愛他，非常愛……我知道他總有一天會到我身邊，給我全部的愛，好讓我安心。」

我不知道他們戀愛的細節，只是從朋友口中得知男生對女生真的很好。他會抽出時間去她的城市，甚至一放假就推掉所有聚會，只為了和她在一起。他們彼此珍惜，一輩子就談了這一次戀愛，就認定了那麼一個對的人。

「從答應做他女朋友開始，我就打定主意，這輩子都會好好努力和他在一起，不管怎樣，都不想錯過這個人。」就這樣經歷過分分合合、失落、高興……九年後，他們領了結婚證，在紅紅的小本上露出兩口潔白的大牙，那兩雙閃亮的眼睛裡全是愛。結婚證上的鋼印代表著他們堅貞不渝的愛，兩人之間的戀情成了別人口中的佳話。

可哪有那麼多喜歡和愛啊？還不是**為了彼此，磨成了最好的樣子**。

我之前看過一個故事，其中描述方塊A和方塊B玩得很開心，可方塊A突然想去遠方，於是抽身離去。

只見方塊A跋山涉水走了很遠，遇到一個圓圈。它和圓圈在一起很開心，因為圓圈總背著它去各種地方，可方塊A從未體諒圓圈的疲累，依然吵著要去更遠的地方。圓圈覺得方塊A不適合自己，隨即離開了它。

接著，方塊A又獨自踏上旅程。它遇到一個缺角的圓，這一次它學會了忍讓；缺角的圓告訴方塊A自己受過很多傷，方塊A很想好好愛缺角的圓，就把自己的角切下來，分給對方，成就出一個完整的圓。可圓完整後，就離方塊A而去。

方塊A犧牲了自己，卻沒有得到愛，這讓它失落而艱難的前進，漸漸對愛情失望，而且**每走一步，角就痛得磨圓一點**。也不知道過了幾年，方塊A差不多忘記了曾經的自己，變成了圓。

後來，方塊A遇到了和它一樣跌跌撞撞磨圓的方塊B，它們又走在了一起，再也不分開。從此以後，它們一起浪跡天涯，終於不再孤單。

喜歡陳昇〈不再讓你孤單〉裡的一句歌詞：「路遙遠，我們一起走。」

是啊，我也是第一次做你女朋友，以後還有那麼多路要和你一起走。所以，你可不可以再體諒我一點、再寬容我一點、再愛我一點，讓我慢慢了解「愛」是什麼？可不可以讓我更清楚你的脾性、你的想法、你的世界，對我不要隱瞞？可不可以在我失落、難過、鬧肚子的時候，不要只說一句「多喝熱水」？可不可以在我高興的時候，抽點時間聽我說話？可不可以有空多陪我，放假多理我？在生日、過節的時候，不用帶我去吃大餐，哪怕是送我一首小詩，我都會很快樂。

我也想好好做你女朋友，在你忙、你累的時候安慰你，給你依靠，會記得你對我所有的好，也會寬容對待你、克制自己的脾氣，還會變得溫和、懂得體諒你，同時努力學習跟上你的腳步。因為我想和你一直在一起。

請原諒我的胡鬧、莫名其妙，請包容我的神經質、不自信、沒有安全感，因為我愛你，真的很愛你。我真的很努力為你成為更好的人了。

就像美劇《宅男行不行》（*The Big Bang Theory*）裡說的：「粒子從宇宙誕生之

初就存在世上，是它造就了我們。我常想像那些原子，用一百四十億年穿越時間和空間來創造我們，**好讓我們能相遇，使對方變得更好。**」

說不清為什麼喜歡你，但你就是我不喜歡別人的理由。

你的名字明明就那麼幾個筆畫，可是早已深深刻在我心裡。我看的書中，那些溫暖如春的句子裡，都是你的臉。一想到要去見你，我就滿心歡喜——我恐怕中了你的毒，想和你度過餘生；想走進你的世界，再也不出來；想做你的枕邊書、懷中貓、意中人。

我只是差不多小姐，也不用完美先生，謝謝你那麼久以來給我的包容和愛。這一次，換我來愛你：西瓜中心最甜的部分給你，情書給你，輾轉反側給你，星星給你，月亮給你，手給你，心全給你。

兩個人在一起，就是要互相遷就和包容，我也是第一次做你女朋友……請你原諒我，這個不太完美的女朋友。

第二章

妳受過的委屈我都懂，妳曾做的一切必值得

沒人疼、他沒有空、彼此沒有交集了、被迫將就……
只因不是對的人。

1. 我不是逞強，而是沒有資格軟弱

長大後，妳時常聽人說「太好勝的女孩活該沒人疼」、「妳那麼獨立，一定從小沒人疼吧」，就像在妳小小的心臟上狠狠戳一把，於是妳開始委屈難過，捫心自問：是不是自己真的太獨立了？

可是，當我們離開父母，隻身在外，生活裡所有事都只能自己迎面解決時，哪怕風裡來、雨裡去；天上落刀子、地上是沼澤，也只能義無反顧，一個人咬牙扛住。因為沒人疼，我只能好勝和學會獨立啊！反正我也沒人寵，更不期待有人哄。

前一段時間，我去看我大學室友嘉嘉，她畢業後一直留在大城市。

我到站的時候天黑了，穿著一襲長裙的她從濃重的夜幕裡向我走來，然後領我回家。坐上車，也不知過了多久，她笑著說：「以前一個人坐，總覺得時間很漫長。」我的心就在搖晃的車廂裡一點點漲起潮水。

窗外，昏黃光景一逝而過，無數車輛忙碌的塞滿每一條街道；晚歸的路人麻木疾走，路旁的霓虹燈閃爍迷離，好像永遠不會熄滅。

城市很大，心卻很小。我們都長大了，再也不會在人群裡放聲大笑、嬉戲打鬧。我們用沉默對抗孤獨，拿安靜代替焦慮，攥著手裡辛苦掙來、為數不多的鈔票，盤算著又一個明天。

二十幾歲，在這樣什麼也沒有的年紀，有的只是年輕和一腔熱血，以及希望和一身傲骨。如果身邊沒人撐住我，我就撐住我自己。

經過一小時車程，終於到了她遙遠的家。上樓時，她回頭朝我笑道：「我這裡住戶多，妳別嫌棄啊。」

我默默搖頭，「不會的。」待房門在地面劃出了好看的弧度，我看到整齊明亮的房間，「挺不錯的。」我說。

她攤攤手，回：「其實剛來的時候，家徒四壁，一個空屋，什麼都沒有。」

「床也沒有嗎？」我吃驚的問。

「沒。來的第一天，我一放下行李就先買了二手床，再花錢找人搬。」她鎮定的看著我，「住這裡就圖個房租便宜而已，家具都要自己掏錢買。想舒服點就買電視、裝冷氣，可我捨不得啊！我只想多存點，幫爸媽買些好東西，然後回家過年。」

我問：「沒找人幫忙嗎？」

她倔強的搖頭，別過臉說道：「我不想麻煩別人，畢竟大家都很忙……況且我也不想多花錢，能自己處理的就自己處理吧，都是這樣過來的。」我突然很心疼。記得當學生那時候，我們什麼都還不會，衣服要去洗衣店請阿姨洗，週末同學出去兼職，我們也不跟著一起去。

現在的她在我面前，身體還是那麼瘦，卻擁有好多力量，變得更加堅強。我看著她嫻熟的在小廚房裡挽起衣袖，燒菜做飯，再也沒有從前的嬌氣。「等著，給妳做好吃的。」隨著她對我一笑，炊煙裊裊升起。

「一定要好好的。」我在心裡輕輕說。

記得很早以前，我擔任新聞採訪編輯，有一組漫畫讓我難忘，其中畫的是蝸居在大城市的單身女孩。

因為剛畢業不久，她選擇租小小的房間，瓦斯要自己扛，水桶也是咬著牙自己搬到家。她餓了，不會和別人撒嬌，只會自己買菜做飯；她生病了沒人照顧，也不打電話向家裡訴苦。她時常擔心自己的安全，於是買了一些男生的T恤掛在陽臺，又在浴室放上一把刮鬍刀，另外在門口擺一雙男士拖鞋，偽造出有男人同居的假象。她也在工作忙到昏天暗地之後，一個人倒在房間，沒來由的大哭。

看著那組漫畫，我心裡好難過。

漫畫裡的女孩哭著說：「好累，我一個人好累。可是沒有人疼我，我只能堅強啊！我只能一個人把工作做好，把生活過好。」

我想到曾在社群動態看到的：

「一個人搬家真的比上一星期的班還累。」

「我再也不會深夜去求別人安慰，畢竟求誰都不容易。別說擰瓶蓋了，我現在強大到連消防栓都擰得開。」

「有時候我也想撒嬌，想當小孩子，可身邊沒有一個讓我這樣做的人啊！我只有一個人，只能一個人解決所有事情。」

沒有人疼我，我只能一個人堅強，一個人逞強。我也希望有人陪我、寵我，把我溺愛上天，讓我可以什麼都不想，一心一意愛著他；我也希望踏踏實實跟在那個人身後，帶著崇拜的目光，像個小女孩一樣對他撒嬌、和他耍小脾氣，什麼都不管的瘋瘋癲癲去撒野。

可是，要是沒有遇到這個人，我就沒有資格軟弱……我只能築起堅硬的殼，並在面對阻礙時，還能樂觀告訴自己：「沒事，我可以，我能把自己照顧好！」我一個人難受也能爬起來去買藥；我一個人沒帶雨傘也能淋雨走回家；我一個人也能賺錢買我想要的東西；只是我一個人也會哭，也想要人陪，累了，也需要一個大大的擁抱。

你能看到所有我堅強背後的脆弱嗎？

其實長這麼大，我最怕聽到不了解的人看似漫不經心的一句：「妳一定很好勝吧。」就像暴露在空氣中，突然被抓住的軟肋，瞬間讓自己啞口無言，欲言又止。妳只能略帶哭腔卻還微笑的點點頭說：「對啊，我就是好勝，不可以嗎？」而沒說出口的才是真相——只能好勝，外面也沒人疼我。

所以啊，很苦、很累、很難過的我們，學會了隱忍，在那個小小的房間裡，隻身闖蕩險惡世界，懷抱希望和熱情編織著自己的夢想和未來。可我多希望有個人，有個對的人，能看穿我所有的堅強，不過是故作逞強；我所有的努力，是在掩飾內心的脆弱；我所有的強大，在他面前都不堪一擊；我所有的溫柔，都想只留給他。

那個對的人，無論你在哪裡，請你找到我，看穿我的堅強，告訴我「以後別這麼傻，我疼妳，我寵妳，我愛妳」；讓我卸下那副傷痕累累的軀殼，安心的投入你的懷抱，把自己最真摯的感情都給你，不再當混世小魔王、好勝女漢子了，只想做你懷裡的小公主。

親愛的，願妳獨立到可以不要人寵、不要人慣，卻依然幸運到有人疼、有人愛。

2. 把妳的好，留給那個「為妳有空」的人

妳會不會有這樣的時候：看著手機，盯著那個人的大頭貼，一遍遍刷著他的社群動態，距離上次和他說話已經好幾天了，可是小心翼翼點開對話框，裡頭還是妳幾天前傳的那句「晚安，我睡了」。妳心裡就像熄滅的蠟燭，一點點暗了下來……原來，他真的不在乎；原來，妳的一句晚安換不來他的一句好夢。

很多人說，若妳主動一點，說不定我們都有孩子了。可是總是我主動，是沒用的啊。當所有的主動都明顯得不到對方回應，再主動對他來說都是多餘。於是妳開始不再關注，就沒有以後了。

他沒有想起妳。

妳跟朋友說：妳不等了，等不到了。

朋友安慰：他也許很忙呢。

是啊，其實我們每個人都很忙，忙著工作、生活。可再忙不會忘記吃飯、上廁所、睡覺；再忙不會完全不看手機、不關心外界一點動靜、不會忘記回個訊息或打個電話給在乎的人；再忙不會不見她。

我很忙，但我願意為你有空；你很忙，但你對我沒空——因為你在乎的人，並不是我啊。

西瓜跟我說，她真的要放棄了。我問她怎麼了，她說遠距離戀愛，真的比想像中困難。

一年前，西瓜和大熊從大學畢業，他們沒有像大部分的校園情侶一樣，畢業就分手。當時我跟西瓜說：「等著你們的喜糖哦，一定要幸福。」西瓜靦腆的笑著回答我：「早著呢，不過我們會幸福。」

畢業後，西瓜留在家鄉，大熊則被一家外商投資企業錄用，去了北京。送大熊上火車那天，西瓜哭了，她說：「大熊你不能去了北京，就只看大街上光腿的美女，不給我打電話、傳簡訊，也不能把我忘了，更不能不理我……。」

大熊重重的點頭：「不會的。」

後來，西瓜做了份清閒工作，而大熊開始了他的青春奮鬥史。西瓜一有空就和大熊說工作和生活上的趣事，如附近新建的幼稚園、家鄉越來越好等。至於大熊，一開始總逗她，說：「以後我們生個胖小子」、「看妳工作輕鬆就好」。後來，他回訊息回得很慢，有時工作忙起來，好幾天才打一通電話給西瓜。西瓜說她理解大熊的辛苦，但總是得不到自己在乎之人的回應，心裡的失落也能讓人喘不過氣。

漸漸的，他們說話的次數少了，有時候才說了第一句話，彼此就陷入沉默。西瓜以前會接大熊的視訊電話，可後來，大熊漸漸覺得難過，因為打視訊也找不到西瓜。西瓜生病的時候，大熊不能陪伴她身邊，而西瓜發出的訊息，大熊總是隔了很久才會回覆，兩人的心就這樣不知不覺疏遠了。

西瓜哭著說：「不知道為什麼，明明很在乎，卻又很難過。一次次失落，讓彼此都動搖了。」

後來大熊打電話給西瓜，說：「西瓜，其實我很想愛妳，很想和妳在一起。可這裡有我的夢想、有我的未來，我……。」

西瓜沉默了很久後，只說了一句：「好。」然後掛了電話，抱著我哭得撕心裂肺。這一切，我都懂——年輕的我們總以為兩個人在一起有愛就夠了，卻從來不知道，**如果愛總是得不到回應、彼此的生活再也沒有交集，兩人只會越走越遠**。

那些得不到的回應就像夜空裡失聯的航班、放在冰箱沒喝完就過期的牛奶，亦像起風之際吹來的蒲公英碎末，以及波瀾不驚的湖面陡然漾起的波圈……我的敏感，你不懂；我的在乎，你不在乎。

是什麼時候，愛著愛著就散了？送出的訊息，總是時過境遷才得到回覆；一次次按亮手機螢幕，就是沒有你的消息；一遍遍撥打你的電話，始終嘟嘟響到它自動掛掉；睜開眼一想起你，卻發現你再也不在身旁。

我很愛你，很想繼續愛你，可也愛不起你，無法繼續主動的愛著你。喜歡，是為你做什麼都覺得值得；絕望，是無論我做什麼，你都無動於衷。失望是一點點累積的，離開也是思慮很久之後才做出的決定。

其實**每失望一次，我就少做一件愛你的事**，直到最後把你的備註改為全名、取消特別關注、上線不主動找你、丟掉你送我的東西、一張張刪除我們的照片，並答應自己再也不去關心你和主動找你，就是該說再見的時候了。

你知道嗎？我愛你，愛到不想再愛你了。

想和妳聊天的人，晝夜朝夕都會在；想送妳回家的人，東西南北都順路；想陪妳吃飯的人，酸甜苦辣都愛吃；想實際見妳的人，再忙也為妳有空。愛妳的人，妳怎樣都愛妳；不愛妳的人，妳怎樣都不愛妳。當穿到不合腳的鞋子，腳不舒服，就丟了，一如遇到不合適的人，心不溫暖，就放下。

人總要學會慢慢成長，誰年輕時沒愛過幾個人渣、碰過幾個煩心的人？但愛就勇敢去愛，不愛就灑脫離開。妳總以為沒有了他，自己的世界就會崩塌，可其實，**沒有誰離開誰，就真的活不下去的**。妳那麼珍惜他、愛他，可他不在乎妳、不理妳、不會想起妳了，妳又何必繼續在意他？

人窮其一生，就是要找一個懂妳、愛妳、珍惜妳的良人。妳要相信，總有一個對的人，在前面等妳；總有一個合適的人，在未來找妳。他會陪妳熬夜，在下雨時去接妳，在妳生病時照顧妳，也會陪妳吃晚飯，早上醒來為妳做早餐——他會愛妳，且穿過時間和空間來溫暖妳、保護妳，一輩子珍惜妳。

不愛妳的人，就別等了，別再為他熬夜、為他傷心了，更別再說了分開又回頭。妳最沒出息的是為他哭得像條狗，妳最酷的是說分手就分手，乾淨俐落得像個劊子手。畢竟最好的總是後來的，去把妳的好，留給那個真正值得的人吧！這一次就解開不必要的約束，**若是等不到他，也別等了**。

3. 沒有比爸媽更好哄的人了

以前有次和男朋友逛街，他問我：「妳買完衣服會跟妳媽說實際價格嗎？」我聽了差點沒把頭搖壞，和他說：「衣服永遠說是打折過季買的，包包永遠說是淘寶的二手貨，至於口紅、化妝品更是賠錢貨，頂多五十元。我要是敢告訴她，她一定會對我說：『妳怎麼這麼會花錢？』」

我真的太怕這樣的質疑了。以前以為這樣不報實際價格是對的，可有次看一個部落客直播後，我澈底改變了原來的想法。記得那時候她說：「其實爸媽是最好哄的，你出去玩晚了沒回家，要是怕媽媽生氣，只要在路邊買個小髮圈給她，她都超開心。真的，沒有比爸媽更好哄的人了⋯⋯。」那段話把我深深刺到了，因為長這麼大，我從沒認真哄過我媽。

想想也是，讀書時用爸媽的錢，工作了也沒為他們買過多少東西，發薪日想的永遠是自己去哪裡吃、去哪裡玩，還有買什麼新款的衣服、鞋子，好打扮得漂漂亮亮，卻沒為媽媽買過什麼，哄她開心。

媽媽也曾是個閃亮的少女啊！

我有個遠房親戚，三十幾歲，無房，是都市典型啃老族，不僅工作他爸幫忙找的、房子他爸買的，現在生了孩子，也是父母帶。他呢，依然瀟灑度日，喝茶、看球、打高爾夫……雖說這部分沒向父母要錢，可也是父母幫忙承擔了大部分的經濟開支，比方說孩子奶粉錢是父母掙的，車子保險是父母買的。從小到大，就沒看過他送過我紅包，倒是逢年過節的時候，他還好意思向我爸要壓歲錢。

聽我媽說，他爸的身體早就不行了，六十好幾的人了還天天工廠、辦公室兩頭跑，硬是不退休，生怕自己走了，兒子會被欺負。只是這個親戚自己都當了父親，卻似乎還沒體會到父母的辛苦，依然好吃懶做，把自己當成孩子，要父母出錢，甚至把自己養育下一代的責任也轉移到父母身上，變成一隻「吸血鬼」。

我去過他家幾次，每次吃飯的時候，不是說和朋友喝了一九八二年產的拉菲紅酒（Château Lafite-Rothschild，按：拉菲酒莊為法國波爾多五大名莊之一），就是說賭馬、看球的事情，還有哪家飯店好吃、哪個地方好玩。看著他的父母日益老去，身體每況愈下，他還是玩世不恭，沉醉在自己的世界裡做「末日皇帝」，我心裡就覺得悲涼。

有時候，「恩情」這種東西不是透過電影、電視劇，看到別人的故事才哭得稀里嘩啦，並且感到慚愧的。有一句話這麼說：「**你現在所有的輕鬆，都是有人在替你負重前行。**」而父母就是從你出生到現在，為你負重前行的人，不管路有多艱辛，都是你的避風港；只要你想飛，他們都願意成為你的翅膀。

還記得二〇一七年八月九寨溝地震那時，媽媽說她看了一篇文章，文章裡寫：發生地震的時候，儘管電話打不通，一位媽媽仍不間斷的聯繫自己的孩子一整個晚上。

我媽捂住胸口看著我說：「妳知道嗎？當我看到那些新聞，就覺得文章寫的正是我這個當媽的，妳電話打不通的時候，我也是那樣擔心妳。」那時我的心裡不是沒有感觸，只是不知道該怎麼表達。

想想一路成長，父母為我們做了多少？你出生了，他們養你，見別的小孩有小汽車、布娃娃，爸媽都會省錢買給你。等你上學了，他們又開始操心你的成績，從幼兒園開始就不希望你成績落後，每天輔導你寫作業，為你做飯補充營養，即使自己不懂英語也跟你一起學。

青春期的時候你叛逆，一次次幼稚的和他們吵架，賭氣不回家，可媽媽還是會帶件衣服，再晚也要去找你。後來你成家了，他們怕你辛苦，就攢錢買車、買房給你；再後來他們老了，這一輩子不指望你為他們做什麼，說老了就去敬老院。

可能你這輩子，也真的沒為他們做過多少。

每個父母都是如此，為子女奉獻一生，只是大部分的子女，都明白得太晚。媽媽不知道你一件衣服八百元，她只想知道你穿得暖不暖；媽媽不知道妳一支口紅三百元，她只想知道妳買的這些對身體好不好；媽媽不知道你每個月花多少錢，只會在你不常聯繫的電話裡問你：「錢夠用嗎？」

朋友今年當了媽媽，她跟我感慨：「終於在為人父母後，明白父母的愛。」

我問她：「那現在知道為什麼要對自己的孩子好了嗎？」

她說：「那是我的孩子，我還有什麼理由不對他好？」

父母也一樣，他們永遠無條件對你好。我不希望看到「父母尚在苟且，你卻在炫耀詩和遠方」（按：原句為「生活不只眼前苟且，還有詩和遠方」，出自作詞人高曉松的作品，其中「詩和遠方」代指理想生活。文中這句是後來的延伸）的樣子，我也不喜歡你把他們的愛與包容，都視為理所當然。

一個成年人應該記住每個人對他的恩情，並學會珍惜和回報。不管是父母、同事、朋友還是陌生人，他們都或多或少在你需要幫助的時候伸出援手，在你需要溫暖的時候給你溫暖和陪伴。

沒有人會理所當然對你好。即使是父母，也僅僅是因為他們愛你，非常非常愛你。別再覺得別人愛你是應該的了，他們也需要你的愛，需要你的關心陪伴和用心呵護。一句話、一首歌、一個擁抱、一聲「媽媽辛苦了」或「爸爸我愛你」，都能讓他們感動到淚流滿面，比你送上三千元的包還開心。

是時候用行動告訴父母：他們的孩子很棒、很努力，而且很愛他們；也是時候讓自己成為他們的依靠了——對爸媽好一點，畢竟有些情分，有今生，無來世。

或許我永遠都無法忘記龍應台寫在《目送》裡，那些獻給父母的話：

> 我慢慢的、慢慢的了解到，所謂父女母子一場，只不過意味著，你和他的緣分就是今生今世，不斷在目送他的背影裡漸行漸遠。你站立在小路的這一端，看著他逐漸消失在小路轉角的地方，而且，他用背影默默告訴你：不必追。

所謂父母，就是**那不斷面對著背影，既欣喜又悲傷、想追回擁抱又不敢聲張的人**。我最後才明白，沒有人像父母那樣，愛我如生命。

有些話、有些字、有些感情，年輕時候讀不懂，只有經歷過歲月才能明白，才能反覆在那最柔軟的心臟裡留下痕跡。

你該長大了，別再讓他們替你操心、替你勞累了。從現在起，努力成為他們的依靠吧。

父母是什麼？父母就是我這輩子說什麼，也不會放棄的兩個人。我希望溫柔的你也是如此。

4. 工作上的自由，來自不自由的自律

不知從何時起，開始流行自由業，大家都想躺著賺錢。很多年輕人想也沒想，破釜沉舟也要做個自由工作者，結果往往不盡如人意，除了少部分人成功以外，絕大多數在體驗了所謂的自由後，又回到原點，繼續為他人的公司工作。

所以這篇文章想說的，就是你在辭職前、想實現自由之前，真的明白自由業的本質嗎？

事實上，自由業相當不自由。「你所想的自由根本不自由，相反的，甚至擁有層層枷鎖」，這是經歷了大半年自由業的我最大的感受。

去年九月，我辭去穩定工作，決定看書、寫作，那一刻起，我的大腦一片空白；坐在回家的公車上，看著身邊打電話、談公事的人，覺得自己跟他們已經不在同一個

世界了。我不知道你明不明白那種感受，當你真的有一天沒了工作，再也不用早起去公司打卡、工作到十二點吃飯，也不用再坐在辦公間與每天待八小時都熟悉不起來的同事相處……當這一切真的到來之際，你不會高興，反而會心慌到手足無措。

真的。

生活的壓力接踵而至。吃飯怎麼辦？房租、水電費怎麼辦？那時我的經濟來源只有公眾號，寫文章賺不多的稿費，靠著喜歡我的讀者打賞。我記得在最初的兩個月，所有收入都不足以支付一個月的房租，那時我深深懷疑自己的選擇。

這就是真相——自由工作者不是躺著賺錢，是躺著、坐著都焦慮擔心，前途未卜，過得很糟糕。

說這些不是想打消你的積極，只是以最真實的過往告訴你，這條路並不容易。你可能會面臨：工作收入不穩定，時常一個月都掛零在吃老本；生活品質下降，捉襟見肘，不敢外食也不敢坐計程車；前期辛苦無回報，不知未來如何，就這樣艱難的抉擇與前進著；生活上，沒有了工作和公司的歸屬感，你會有些脆弱；精神上，焦慮、輕度抑鬱，造成內分泌失調；社交上，沉浸在自己的工作裡，與社會脫節。

想過這些問題之後，你確定你能承擔自由業帶給你的後果嗎？你能解決這些問題嗎？所以任何時候都不要輕易下決定。

自由業的要求其實更多。

自由業不是不工作或工作輕鬆，反而對人的要求更高。俗話說：「聞道有先後，術業有專攻。」你必須有脫離工作後足夠生存的一技之長或多種技能，例如寫作、畫畫、唱歌、演講……還需要十足的資本、人脈、圈子的累積。更重要的，是它等同於一個人的智商、情商、判斷力、決策力、執行力等綜合能力的考驗。

身為自由工作者，必須非常自律且長期堅持工作。「自由」的意思是工作地點、時間不受限制，即在家、咖啡館，甚至大街、高鐵、飛機上都能工作；而時間上的自由，是沒有上下班時間，不限定工作的起止時間。但這只是沒有上級或他人的限定，不代表工作本身沒有時限。所以回到本質，自由業是時間、地點不受干涉，一切全憑你自己決定的工作。

說白了，自由業絕不是不工作，而是為自己打工。什麼時候開始、在哪裡做、今天要完成多少等，全要你自己規畫，沒有其他人會幫助你。而這些事沒有強大自律精神的人是做不到的。每個自由工作者都會有他的排程表，計畫任務的最後期限，所以他必須是一個時間高效管理者。

我很多同是作者的朋友，除了自己的工作、業餘寫公眾號外，還要買菜、煮飯、帶小孩。聽完他們的日常，我著實受到驚嚇——人家每天五點起床，打完字就去買菜，七點再幫小孩做飯，送完孩子後自己在家又看書，準備做其他事情。如果**不做時間管理，根本無法完成這麼多事情**。

有句話這麼說：「最怕努力的人越來越優秀，更怕優秀的人，比你還努力。」自由工作者大部分是斜槓青年。就像上文提到的朋友，除了工作還要做自己喜歡的事、承擔家庭的重任，這並不是沒事瞎忙，而是用有限的時間和精力，去拓展自己人生更多的可能性。

他們絕不會辭掉工作就不能活，反而條條道路都能走。

我認識很多其他行業的自由工作者，包括學生、設計師、建造師、心理醫師……大家都在自己的行業內深耕，同時將自己原本的興趣培養成賺錢的能力。很多人會問我，不想拿死工資，怎麼賺錢？其實賺錢不是最重要的，重要的是你有沒有在失去工作之後，還能生存下去的能力；也就是即使丟掉了工作，你還有其他謀生的本事。

這個本事需要長時間的發掘和培養，每個人的都不同。但很多花了時間做出成績的人，都有一個共同的特點，就是**堅持、忍耐，再加上一點天賦和時機**。例如：每天寫字的人會寫得越來越好；每天畫畫的人會畫得越來越好；每天彈琴的人會彈得越來越好……學習這種能力可以培養，是天道酬勤的事，關鍵就在於你能否找到最適合自己的方向，堅持下去。天才都是一％的天賦加上九九％的勤奮，更何況普通人呢？

你問我如何做自由工作者？

首先，得進行完善的自我認知，知道自己在幹什麼，又有什麼能力、優勢、缺陷，還有已經成熟的條件和尚需補充的方面。

舉個例子：靠寫作賺錢生活。那麼你要實際開始寫，若不知道怎麼寫，就多讀書，什麼書都可以，一邊讀一邊拿本子記錄金句、名言，以及你讀時的想法。

再來你要持續寫，不管多少字，都寫在筆記本或電腦裡，接著看看雜誌、校園的投稿信箱，再找找社交網路平臺，瘋狂寫，瘋狂投稿。要是不知道怎麼寫，就是肚子裡沒料，說明你缺乏組織語言的能力。這時怎麼辦？回到第一步。

當你寫到一定程度，有了組織文字的能力，並且幸運的總被報刊選上，那麼恭喜你，進入了某個寫作圈。這就是你透過努力獲得的成熟條件。接下來，你要比之前更努力，並謹記寫作和畫畫一樣，需要長期積累。

所以成為一個真正意義上的自由工作者，雖然看似簡單，可這之前所有時間、精力、能力的累積，實在不簡單。

還是那句話：「**你必須非常努力，才能看起來毫不費力。**」沒有人會看到你的辛苦付出，人人都只豔羨你的成功、為你喝彩，這就是生活的真相——自由業遠沒有你想像中那麼簡單。

寫了這麼多，不為別的，就是希望你能夠看清自己，明白自身處境，做一個豁達透亮的人，不人云亦云、盲目從眾。其實，不管是為別人工作，還是為自己奮鬥，每一份工作都不容易，就像《我的前半生》裡，女主角羅子君哭喊著說家庭主婦多麼不容易一樣。

人生是由一個個選擇、一次次嘗試、一段段路組成的。如果現在沒有靈感，就從零開始累積，卯足了勁往前衝。

天空不會一直下雨，總會放晴的，正如人生不會一直只落不起，總會有狀況好轉的時候。只要你下定決心，現在就能去做。

別再那麼著急浮躁的不想上班，進而辭去工作想當自由工作者了，辭職之前，想想你又學會了什麼？有什麼本錢談自由？

在我心裡，不管是財富還是精神方面，永遠沒有真正的自由。因為有朝一日，當你到達曾經羨慕的層次，新的煩惱和追求又會隨之而來……但，那又怎麼樣呢？人生苦短，想做的事還有那麼多，抓緊時間去做吧！人啊，不要懶！

5. 剩男剩女不可怕，可怕的是將就

可能我們都到了一個非常尷尬的年齡。有人說，一旦過了二十五歲，就視同快三十歲了，於是，父母、親戚們個個見縫插針，開始討論你的婚姻大事。每逢過年回家，這種感受尤為深刻。

我不知道你爸媽催你結婚了沒，反正我有個朋友是遇到了。她好不容易從大城市辛苦打拚幾年回家鄉，想舒舒服服過幾年屬於自己的小日子，卻硬是被親媽安排一天見一個相親對象，今天王五，明天趙六，後天田七。唉，要是長得好看點或是有點氣質，還能當朋友聊聊，可朋友說照片看一眼，就知道不是那個對的人啊，還指望聊什麼呢？

我朋友啊，相親去了兩次，差點就向她親媽跪了，和她媽說：「媽，我求妳了，別再幫我找對象了，我自己找好不好？」

她媽也是急啊，和她說：「女兒，妳都二十七、八了，妳看妳自己找的，有哪個靠得住？妳要是自己能找到，我還費什麼心啊！」

大概在我們這個年代所有老一輩眼裡，兩個人一開始沒感覺很正常，多接觸接觸就好了。總之先結婚再戀愛，感情是可以培養的。妳這面都不見一下，飯都不湊合著吃一口，就拒絕對方了，多不好啊。

說實在的，我也曾讓我媽幫我介紹對象，然後我媽就真的萬分努力按著我的標準幫我找，可她老說我標準高。

我的標準怎麼樣高了？不就是**看得順眼**、**有感覺**、**聊得來**。

我媽就說：「我到哪去替妳找聊得來的？結婚不就是找個人一起過日子嗎？兩人還算處得來不就可以了？以後一樣可以生孩子、帶孩子，感情什麼的，其實也沒那麼重要……。」

身邊的親戚也會說：

「日子是平淡的，婚姻無非是找個人陪妳過平淡日子。」

「快點結婚吧，女生年紀越大越沒價值，男人就像那食堂的飯菜一樣，去得早的才有好菜，去晚了連渣都沒有。」

「年紀不小了，妳今年就什麼事都不要做，專心找對象吧。」

面對這些壓力，一部分女性被漸漸攻下；剩下的女性同胞們仍堅守在崗位上，堅守心中的理想，一定要找到真心喜歡的人，戀愛絕不將就，婚姻更不能湊合。

我曾經問過三十歲還不結婚的女人，她對於婚姻的看法。

原本以為會聽來一陣措辭激烈的話語，沒想到，她非常平靜的說：「我覺得婚姻就像一條沒有水的河道，到了對的時候，河水自然而然就滿溢流動了。」**沒有該結婚的年齡，只有該結婚的感情**。婚姻，就是水到渠成的過程。

「我現在還沒遇到那個讓我流動的人。」不知道為什麼，她說起這些的時候，我的內心除了平靜，還有欣喜。我很高興她依然堅持著自己最初的想法：不是想找個人結婚過日子，而是遇到了那個對的人，才想跟他結婚，兩人一起生活。

中國首檔說話達人（辯論）選秀節目《奇葩說》第四季的一期，胡漸彪（按：馬來西亞辯論界的佼佼者，曾任新聞主播和主持人）老師說過一段話：「再過幾個月我就要度過我單身的第四十年，可能很多人不了解我們這些『剩男剩女』心中堅持的到底是什麼，其實之所以單身這麼多年，就是不願意放棄始終堅持的標準。」就是這段話，讓我不禁流淚。

對我而言，這個堅持的標準不是「他抽不抽菸」、「喝不喝酒」、「是不是高富帥」……我的標準是能夠真正包容我過去的經歷，並且由衷的接受和理解我。

就像歌手黃小琥在〈沒那麼簡單〉裡唱的：「沒那麼簡單，就能找到一個聊得來的伴。」如果聊不來，豈非同床異夢、貌合神離？

「一個人孤獨終老很可怕，但更可怕的是兩個人一起孤獨終老。」在網路上看到這句話時，我差點哭了。大概這就是我們很多人的心聲。如果只是為了結婚而結婚，找到一個人一起生活，可這個他不了解、不包容我的過去，無法帶我走到未來，那麼我們只是湊在一起吃飯、睡覺；**這些，我一個人也可以做好，我一個人也可以生活。**

如果只是這樣，為何要兩個人在一起？

相比一個人的孤獨，我更怕和一個沒有心靈交流的人共同生活。對我來說，那才是最大的折磨。

其實如果能遇到合適的、聊得來又有默契的人，誰不願意談戀愛？誰又不願意和對方結婚，一生相伴？只是哪有那麼容易遇到。

清代文學家沈復遇到芸娘，中國當代作家王小波遇到李銀河，中國作家、文學研究家錢鍾書遇到楊絳，這些人的婚姻絕不是湊合著找人過日子，他們是基於愛，但同時是愛的延續。因為生活不僅僅是生活，它還有很多美與想像，兩個人在一起若不能往更好的方向發展，這樣的愛情對兩人來說，就是彼此前行道路上的阻礙。

很多人說，我現在很好，我努力過好自己當下的生活，我學習、運動、看書、跳舞……我只是想要變得更好，這樣才能遇到更好的另一半。

其實一個人並不孤單。

流行一時的 SK-II 宣傳廣告〈她最後去了相親角〉（按：相親角位於上海人民公

園，廣告裡未婚男女的基本資料和照片會被列在其中，供人參閱）中，每一個人都在對「剩女」發聲，詮釋婚姻：

「剩女給我的感覺就像剩下來的女人，是二十五歲以後還沒結婚的感覺。」

「過年回家是壓力最大的時候，他們覺得在中國這個社會，一定要結婚，那才是個完整的女人。」

「我還是很渴望愛情，可不願將就，直到等到那個對的人。」

不是不戀愛、不結婚，是遇不到那個心裡想要的人，既不願將就，也不能將就。

我所要的愛情，是中國編劇廖一梅的話劇作品《柔軟》裡，動心動情的「我們這輩子，遇見愛、遇見性都不稀罕，稀罕的是遇見了解」；更是浪漫愛情電影《剩者為王》裡父親的獨白：

「她不應該為父母親結婚，她不應該在外面聽什麼瘋言瘋語，聽多了就想著要結婚。她應該想著跟自己喜歡的人白頭偕老的結婚，昂首挺胸的、特別剛強的、憧憬的，好像贏了一樣，有一天就突然帶著男方出現在我面前，指著他告訴我說，爸你看，我找到了，就這個人，我非他不嫁。那天什麼時候會到來我不知道，但我會和她站在一起，因為我是她的父親。她在我這裡，只能幸福，別的都不行。」

仙女是不會老的。等她足夠獨立自信、積極善良，一個人活得比誰都好的時候，年齡只會變成她漫長生命中的數字罷了。

就像莒哈絲《情人》裡寫的：「對我來說，我覺得現在的妳比年輕時更美，與妳那時的面貌相比，我更愛妳現在備受摧殘的面容。」總有一天，我們會明白，愛才是結婚的理由，是一個女人卸下所有鎧甲的軟肋。女人的美麗不在於年齡，而是靈魂。三十歲不結婚又怎樣？人生不會就此止步。

剩男剩女差不多該到此為止了吧？不，沒有差不多；不能差不多。

希望有一天，我們終能以自己的方式，與這個世界和解。

6. 光有愛是走不下去的，各自的世界步調得一致

在酒吧門口，我朝葉子點頭，那時的她一半藏在黑暗裡，一半被燈箱印上迷離的光。當我走來時，原本面無表情的她露出甜美的笑容，那一刻，我差點以為自己走錯地方。

一晃，三年未見。所以在接到她電話時，我幾乎毫不猶豫的洗了把臉，拿起風衣就來了。進了酒吧，我在她身旁坐下，看她嫻熟的打火點菸，吸菸。那時，一位陌生男子從黑暗裡走來，打著響指呼喚酒保，葉子則微笑回應，禮貌回絕。男子於是非常紳士的退到黑暗裡。

三年了，看著眼前的她，我竟一片茫然，如迷霧縈繞心頭。

葉子沒有看我，而是抽菸看向舞池扭腰的女舞者，霓虹燈在她眼底如光滑游動

的魚；然後她聽著中國歌手貳佰的民謠歌曲〈玫瑰〉，跟著輕哼，笑了，又喝下一口酒。後來，她眼角的淚就在酒吧昏沉的音樂裡無聲滑落，那時候，她轉頭對我說：「酒太烈、音樂太煽情，妳看我，把妳叫出來，自己還沒出息的哭了。」

再到後來，她泣不成聲，哭花了眼。我則是一杯杯攔下她的酒，勸告道：「妳別喝了，再喝就不成人樣了。」她搖頭，臉上掛著未乾的淚痕，同時伸出右手，讓我看到那細長無名指上波光閃動。

「我訂婚了，只是新郎不是他。我曾無數次幻想，他會堅定的牽起我的手、擁抱我、親吻我，從此以後我們再也不分離。可我再也等不到了，等不到了……我等不到他了……。」

凌晨，我摟著葉子走出酒吧。一坐上車，她便像個孩子般躺在我懷裡，我能感受到她鼻腔嗆人的味道，可我不怪她，一點也不。我只是用右手抱住她的頭，發現她的臉異常滾燙，眼淚像忘記關閘的潮水般流淌，拍打在我身上。我知道，她這一生就只會為一個男人哭到如此地步，甚至失去自己。

看著她手指的戒指在一逝而過的街燈裡明明滅滅，我心很沉，說不出的沉。

我的記憶還停留在三年前，葉子摟著那「小混混」石康的時候——說是「小混混」，但這其實是葉子起的綽號。

那一年他們因旅行相識，不但報名了同一間旅行社、上同一輛車，且坐同一排座椅，一切就像命中註定，沒有人知道那八小時的巴士之旅，以及接下來六天五夜的行程，會讓兩個毫不相干的行星擦出愛的火花。

至於他們在一起，是旅行結束的時候。在機場，葉子笑著對石康說再見，沒等對方回應就轉了頭。那時候她想：也許這輩子都見不到了，就到這裡吧；再見，再也不見……旋即雙手插進口袋。機場冰冷機械的航班資訊一直在耳旁喧囂，她慢慢走上手扶梯，淹沒在全然陌生的人潮裡。

沒有回頭，是害怕回應。她心知肚明，兩人不過短暫相遇，歡愉之後又回到彼此的軌道，留下那段記憶就好。

她在手扶梯上這樣想著，慢慢看到了二樓的地面。

進檢票口的時候，葉子突然感覺背包被人從後面拖拽，剛想回頭怒罵，一轉身，她就愣住了。「石康？」葉子眼珠子都快瞪出來了。

「妳走得太快，沒辦法，我只能衝上來，一個箭步抓住……。」眼前的石康喘著粗氣，雙手撐住膝蓋，額前的碎髮隨著呼吸忽上忽下的擺動。

「不是，你的檢票口不在這裡，你這樣會誤了航班啊！」葉子著急的推他。

「沒，我要跟妳一起，飛去妳那裡。」石康邊說邊扯著葉子在大廳狂奔，「快，我還要買票呢！」

後來，葉子領著一個高高瘦瘦的大男生走到我們面前，我們嚇得面面相覷，問她：「姐，妳旅遊完還拐個人回來啦？」

「他自願的，自願被我拐。」葉子說著把胳膊勾到石康的脖子上。

「說什麼呢！我是來生妳、養妳的地方，感受一下人文風情，看是什麼山水把妳養成了這樣。」石康說完，對葉子眨眨眼。

「哪樣啊？讓你丟臉了嗎？」

「行了，你倆私底下去放閃可以嗎？大庭廣眾，請考慮單身人士的感受。」

見葉子笑得沒心沒肺，我把她拉到一旁，問她：「妳真的跟他在一起了？這小子什麼來歷，妳清楚嗎？萬一是壞人怎麼辦？小心點！」

「喵，妳怎麼跟我媽一樣唸個沒完？放心吧，他身分證還揣在我懷裡。這幾天接觸下來，我們兩人雖是第一次見面，卻感覺比相處八輩子還知心，真神奇。」

葉子後來告訴我，他們是認真的。從他第一次牽起她的手，她望著這個男生跳動的背影，那瞬間，她真的什麼都不想要了，只要和他在一起就好。

全世界都可以在那一刻靜止，唯獨你不可以把我拋下——本來應該是這樣，但我不知道那後來的三年發生了什麼。

幾乎是到家開門的瞬間，葉子掙脫我的手，逃亡似的跑到廁所，接著是一陣劇烈的嘔吐。我急忙浸溼毛巾替她擦嘴，又幫她盛了杯熱水，看著她，眼睛火辣辣的疼。

她明白我的焦灼，喝著水，平靜一會兒，然後說道：「對不起，給妳添麻煩了。」

我搖搖頭，「沒事。只是，這三年妳過得好嗎？」

葉子一聽，努力抑制自己的眼淚，說：「我訂婚的對象是父母找的，不但家裡條件好，而且在銀行上班。我爸媽對他很滿意，他對我也好，像個大哥一樣，我曾以為自己除了石康外不會愛上任何人，不會再接受其他人。就這樣，在我慢慢的讓自己死去的心重新活過來，答應了他的求婚後，石康居然回來了，他回來了……他回來了……。」葉子顫抖著雙肩，淚流滿面，那時候我才知道，原來**當我們愛一個人，無論怎麼欺騙自己，在聽到那個人消息的瞬間，心中所有防線都會瓦解**。

只是聽聞石康回來的消息，葉子就這樣不能自已……我曾經風聞有你，而今不知你在哪裡。

那一年，他們遠距離戀愛了，石康比葉子大兩歲，高中一畢業就開始工作。葉子從未嫌棄過他的低學歷，她知道這一路上，他吃過的苦、受過的委屈，比她吃的飯還要多。

石康在家鄉做汽車銷售，每隔兩星期就去找葉子一次，最一開始還飛機往返，到了後來也許是經費不足，又或者其他原因，石康很少來了。葉子呢，只覺得那一年的冬天特別冷，心一點也暖不起來。

她不吵、不鬧、不生氣，接起石康打來的電話，電話那一頭傳來問候：「天冷了，我不在妳身邊，妳要把自己照顧好。我這個月業績不錯，會把錢存起來，過段時間就去看妳，帶妳吃好吃的。」

「康，要不，等我畢業了，你就過來，我們待在一起好不好？」聽著聽著，葉子冷不防的說。

電話那頭的石康沉默了一會兒，回答：「葉子，我現在不能答應妳，如果答應了沒做到，我會更後悔。所以，妳等我，好嗎？」

「嗯。」

嚴冬時節，石康來了兩次，每次都帶葉子去吃烤全羊，也不知道為什麼，葉子喜歡石康牽著她的手，慢慢走過人群，走過無數熟悉的、陌生的店鋪，想像著他們今後一定會這樣毫不猶豫的走下去。

待大學畢業，葉子選擇留在北京，不久就找到廣告公司的工作。石康思考過後，離開了家鄉，和葉子住在一起。兩人在夢裡不知道預演了多少遍「你在廚房，我來幫忙」的場面，就這樣實現了。工作日一起烹飪打掃，週末逛菜市場、商店、公園，這樣的生活雖然艱辛，可因為有愛就變得無比溫柔。

石康辭掉了原本的工作，剛來北京時，找不到好的工作。葉子看他每日奔波，心裡著急，夜裡便摟著石康結實的後背安慰道：「沒關係，大不了我養你。」然後在他身後沉沉睡去。石康握住她的手，心裡感激又愧疚，但正因為心疼她，所以只能更加努力。

就這樣，石康找了份物流的工作，每天拉貨、卸貨，忙到很晚才下班。那時候，葉子都睡了，他就小心翼翼的回家，燈也不開的洗去身上汗臭，再躺到葉子身邊。迷糊中，葉子感覺石康回來了，就伸手摟住他的腰，一隻腿搭在他身上，又睡著了。

很多時候，葉子醒來時，石康也離開了。他們說話的次數變得越來越少，不是葉子忙，就是石康忙，兩個人住在一起，卻過上各自獨立的生活。

葉子的工作做得風生水起，老闆很器重她，師父也多次帶著她一起出差，與客戶洽談，長長經驗。每次葉子出差，石康拖著疲憊的身體在回家路上，想著今天接了大客戶的單，可以出去吃一頓大餐時，往往一直到進了家門，才知道自己忘了葉子出差的事，隨即慌忙中打電話給她，卻發現電話另一頭已經關機。石康心想，也許葉子睡了，於是傳了簡訊。

葉子的世界越來越大，留給石康的時間越來越少，有時候一個月出差二十天，家變得像旅館，只是讓她歇腳的地方；相比之下，石康的世界很小，他想等累積到足夠資源就出來單幹，希望快點掙錢，讓葉子少辛苦一點，之後安定了，就和她結婚。

也不知道為什麼，他們的感情就在各自的努力裡變了味。**明明雙方都想為對方好，卻又只感動了自己**。

葉子為了能有多點時間陪石康，跟師父說休息幾天，回到家後就一個人提著菜籃去買菜，再回家鍋碗瓢盆齊聲協奏。她等啊等，等啊等，等到飯菜都涼了，只等到石康傳來的訊息，說他遇到一個大客戶要去聚餐，之後還有續攤，就不要等他啦，先自己吃，末了又加一句：「忘了妳今天出差了，瞧我這記性。到了報個平安，想妳。」

葉子盯著手機看了很久，如此在黑暗裡坐了幾分鐘，然後把冰箱裡包好的菜全部倒進垃圾桶。翌日，她打掃房間、收拾行李，接著跟師父說她休息夠了。

那以後，兩個人變得冷了，也不知道是不是彼此越來越忙。

有一天，石康難得提早下班，買了很多葉子愛吃的，等著她回家。

他打電話給她，她說在忙，要他先吃；他連忙說沒關係，等她一起吃。後來，石康就坐在沙發上，開著電視睡著了。

當門「吱呀」一聲打開，葉子穿著幹練的西裝回來了。她脫下高跟鞋，去浴室取下耳環、項鍊，再用卸妝水擦去口紅。石康聞聲睜開了眼，說：「葉子，妳還沒吃飯吧？洗個手先吃飯吧。」

「不了，我吃過了，今天客戶帶我去一家新開的法國餐廳，感覺特別不錯，下次我們也去吧。」

「呵呵。」石康冷笑。

葉子察覺到石康的異常，不解的探出腦袋，問：「石康，你什麼意思？」

「沒什麼意思。」

「我追求好的東西有錯嗎？」

「沒錯啊，我哪裡說妳錯了？」

「算了，沒空跟你吵。我累了，明天還要出差，先睡了。」

石康看著頭頂的吊燈，以及旁邊一圈又一圈行走的時鐘，突然覺得心口很慌。那一刻，他幾乎用盡全力，聲嘶力竭的喊道：「周葉，妳是不是這輩子非要嫁給有錢人不可？」

「是，我就是要嫁給有錢人，沒錢怎麼活？」

「因為我沒錢，妳媽看不起我，妳爸嫌棄我，現在連妳也開始討厭我，對不對？妳當初就是打算玩玩而已，現在玩夠了，就開始甩人了對不對？我石康給不起！妳去追隨妳的有錢人，可以穿金戴銀、錦衣玉食！」

「石康，你真是莫名其妙！你幹什麼啊？渾蛋，你個渾蛋！」

第二天一早，葉子走了，本想跟石康好好說說，可她還是驕傲的拖著行李走了。

當石康睜開眼，他突然無比清醒的坐了起來，而後洗了把臉，擦乾，看著鏡中的自己——明明還年輕，眼神卻不再清澈。在那一刻，他只覺得迷茫，看不到未來。對於自己擁有什麼、能給葉子帶來什麼，他想了很久。

葉子越來越嚮往外面的世界，她的舞臺很大；不知從何時起，他一直追逐在她後頭，慢慢的，她成了他的世界，她所有的一切都變得比任何事重要。

他明明想努力攢錢，努力和她在一起，兩人也明明住在一起，感情卻比分離時更少。是的，不得不承認，葉子喜歡的東西他開始叫不出名字，他的見識更遠不如她，他們在一起亦只是擁抱，卻少了那份更深的依戀。想到這一點，石康突然哭了，在一個陽光明媚的早晨，深深的痛哭。

我問葉子：「後來呢？」

葉子別過臉，「當我回來時，發現石康走了，留下一封長長的信。」他說，他真的想過了，如今已不是有情飲水飽（按：廣東俚語，意指兩人只要真心相愛，環境再差都能開心度過，喝水也能喝飽）的年代，他們都長大了，光有愛不夠，太不夠了。因為愛葉子，所以他要離開，希望葉子能去更大的世界，不再有他牽絆，這樣她會有更好的未來。

我不知道該怎麼說，只能看著葉子紅腫的雙眼，手反覆不斷擦著眼淚。

「我們到底在哪裡錯了？」

我沒有說話，畢竟**愛情哪有什麼對錯**？只是愛情啊，始終在變化，那隨著時間、人生不斷起伏，雕刻至最後的樣子，一定是兩人生活原本適合的樣子。

也許石康一開始就和葉子有差距，只是這差距一直在他的努力下達到平衡；但後來，葉子長大了，開始觸碰更大的世界。從這點來看，兩人都沒錯，**只是他們行走的步調和速度太不一致了**。追的那個人要更用力的追趕，等的那個人不甘心原地踏步，兩個人都很累。

石康走後的那兩年，葉子找了他很久，無奈他終究杳無音訊。後來，她辭職回家，考慮到年歲漸長，遂在父母撮合下和一位成熟男士訂婚。在那之後，她搖擺的心安定了下來。

有時候，葉子會看著窗外的天空失神，總想著那一年的自己如果不那麼倔強，事情會怎麼發展？可惜時光無法倒流，他們都只能被歲月和人生推著走。

之後，葉子想買輛車，就到家附近新開的一家汽車4S店（按：中國特有名詞，是一種集整車銷售〔Sale〕、零配件〔Spare part〕、售後服務〔Service〕、訊息回饋〔Survey〕四位一體的汽車銷售企業）逛逛。當她進了店，轉過頭時，正好撞見一張熱忱推薦的臉，沒想到對方卻在看到她的瞬間，笑容僵硬……。

坐在接待室裡，葉子看著被擦到一塵不染且閃亮的落地玻璃，覺得眼前的人不太真切。

還是石康先開口的：「沒想到會在這裡碰到妳。」他搓著手，局促的說。

「嗯，聽說你回來了。只是不知道你在哪裡，我也沒想到……。」葉子微微一笑。她不知道接下來該說什麼，只是微笑。

氣氛一下子很尷尬，他們都不知該從何說起。

「要結婚了嗎？」石康注意到葉子的無名指，「恭喜啊，也是，妳也到結婚的年紀了……。」

「你呢？」

「我？還早呢，這事業還剛起步，也沒遇到合適的對象，哈哈哈……。」

「在我之後，你還有跟誰在一起嗎？」葉子剛問完就後悔了。就算知道了是誰又怎樣？她突然覺得自己很傻。

「沒有，我一直是一個人，那幾年都在專心拚事業。」石康定定的看著她，喝了杯水。所有一切都變得雲淡風輕。「妳看的那款車，過兩天就可以交車了，手續的話我這邊也幫妳辦齊，再另外給妳個超大優惠，算是送賀禮給妳。走，我送送妳吧。」說著他為葉子拉開店門。

他們一前一後的走。石康看著葉子，發覺她頭髮變得很長，長長的馬尾一左一右隨著步伐搖晃。他再也不是曾經年少的模樣，而葉子也變得不再活潑可愛、毫無心計。那時候，他覺得他們真的長大了，也真的變老了。

「葉子……。」石康停下了腳步。風把他的衣服輕輕吹起。

「嗯？」葉子溫柔的回頭。

「葉子，我現在有錢了，妳回來好不好？」他突然很深情的說，望著葉子閃耀的雙眼。

葉子在那一刻內心如雨，不知道怎麼回應。那個她愛了四、五年的人，現在就站在她的眼前，可她很慌，且突然有些哽咽。然後，她好不容易從嘴脣裡輕輕吐出一個字：「好。」

他們彼此對視，沉默得像隔了一條河。石康搓著鼻子，把手縮回褲子口袋，繼而低著頭，抬了抬雙腳。葉子覺得他還是那麼孩子氣，睫毛還是那麼長，於是淡淡的笑了，在春日和煦的陽光裡。

「其實我開玩笑的，就突然想鬧妳一下。」

「我也開玩笑的。」

「嗯。」

「嗯。」

「走吧，我們倆見面太尷尬了，我實在不知道要說什麼……。」

「其實我也是，這麼尷尬……。」

「話說回來，他是個什麼樣的人啊？這麼有能耐，連這麼美的女生都能追到，我很想搶啊……。」

「你怎麼變得這麼油嘴滑舌？這幾年，你倒是經歷了什麼？一通電話也不打給我……你說你怎麼那樣鬧分手啊？我很生氣……。」

「當年幼稚啊，不忍直視……妳還沒說他是個什麼樣的人呢！」

「你也沒告訴我你這幾年去哪了！」

「妳先說啊！」

早晨的光輝裡，兩個看上去還很年輕的人走在人行道上，他們身邊走過提著菜籃的中年主婦、一對年邁散步的老人，以及兩、三個背著書包，紮羊角辮的女孩，還有挽手嬉笑的情侶。

可沒有人像他們兩人這般逗鬧，甚至連周圍的空氣都被攪動了——他們就是一個世界的，而且這個世界裡再也容不下別人。他們並排走著，說說笑笑，旁人永遠也擠不進他們的世界。

「葉子，我有錢了，妳回來好不好？」

「好。」

「我剛才說開玩笑的那句是開玩笑的。」

「我說開玩笑那句也是假的。」

「完蛋了，妳都訂婚了！」

「你就不能把我搶走嗎？」

「我再想想……。」

「你敢？」

「我想要的就是和妳在一起，這一次我再也不會放開妳的手。妳去跟妳媽說，妳喜歡的人有錢了，我們可以過得很好了。」

到了最後，妳會選擇很愛自己卻沒有太多錢的窮小子，還是很有錢卻不夠愛妳，而妳也不太愛的王子？那個所謂的「王子」，他不一定是妳真正的王子；可那個窮小子，曾經**把妳當成他的全世界**，妳愛笑的眼睛就是他心中最美、最閃亮的鑽石。

最後葉子對石康說：「如果是你，沒有太多錢我也嫁！沒有錢我們一起努力賺，只是，別再把我一個人丟下了，更別說這樣是為了我好，畢竟**沒有了你，我怎麼可能會好呢？**」

「妳是我這輩子最寶貴的寶藏，我誰也不想給，就想霸占一輩子、兩輩子、很多輩子……。」妳是我的，妳永遠都是我的。

7. 分手多年，為什麼非見你一面

我曾經真的考慮過和你結婚。

飛機落地的時候，巨大的轟鳴聲讓我睜開了眼，隨後我拖著疲憊的身體和行李走出航廈，縮在計程車的後座。那時候還是乍暖還寒的初春，嘴裡溫熱的呼氣一下下打在冰涼的車窗玻璃上，霎時蒙上一層薄霧……。

我靠著窗，看外面黑壓壓的一片，想著天亮以後怎麼和你相見。

我們有多久沒見了呢？一年、兩年、三年……三年又三個月。就算偶然從朋友那兒得知你的微信和電話，聯絡資訊也一直躺在手機的通訊錄裡。儘管找不到理由，也不知如何開口，我終究想再見你。

光透過玻璃晒到臉上之際，我睜開了眼。待換好衣服、拿起包，我穿上鞋子，搭計程車去車站。天氣真冷，即使是南方，依然寒涼入骨。

當路上塞車，我一陣心慌，不知怎麼的竟打給了你。電話響了五聲，你接了，隨之傳來再平淡不過、沒有一絲溫度的「喂」，只是對一個陌生人該有的刻意與冷靜。

我調整呼吸，說：「是我。車子塞在路上了，不知道能不能趕上……。」話還沒說完，你就打斷我：「趕不上就搭下一班，杭州到上海的高鐵很多。取了票跟我說一聲。」

我有些沮喪，不知道是不是三年沒聽過你的聲音，你的低沉讓我感到陌生。我想問你，是不是感冒了？可終究什麼也沒問，只是說：「好。」就掛了電話。望著窗外，陽光明媚，初春的陽光總帶著一絲涼意。我在期待什麼？你都不是我男朋友了，都已經走了三年，還能對我怎樣？還關心嗎？還該關心嗎？

我們之間，剩下什麼？

我想起和你分開後的暑假，我們見過一次。你和哥兒們租住在兩房一廳的老房子裡，在附近的培訓機構上課。

我穿著新買的鞋子，急急忙忙去找你。**也不知道為什麼，只是突然想見你**。

那時候你用的是掀蓋手機，手機裡全是我們愛聽的歌。那一年，我忘記了你的模樣，只記得我們開著電扇聊了很久，聊到躺在床上，互相看著彼此。

我說：「我們和好吧。」你笑了。

臨走時，你說去吃飯，我穿著磨腳的鞋子慢慢走在你身後。你還是很陽光，穿白襯衫；你還是很瘦，小腿裸露在樹影光斑裡。我看得出神，而你停下腳步轉過頭。

我用力往前走，可每走一步，腳跟就像被割裂一般的疼。你看著我，還是溫柔，並問我怎麼了。我於是指指鞋子，苦笑著說新鞋有點磨腳。你便把我扶到路邊，二話不說去了便利商店，接著回來幫我貼上ＯＫ繃。

我走在你身後，慢慢的走。

在飯店吃完飯，你說：「送我上車吧，要去上課了。」我點頭。

那時候太陽好大，柏油馬路被晒得發亮。「妳渴不渴？要不要喝水？我去幫妳買。」然後你穿過馬路買水。我看著你在陽光下奔跑的背影，又看著你越來越近的往回跑，那時候心都快化了。

我接過水，有那麼一瞬間鼻子很酸，就像洋蔥辣到眼裡。「P，為什麼分開了你還要對我這麼好？」我笑著問你。

「我也不知道，可能我真的沒辦法對妳不好，因為**對妳好已經是我的習慣**。」

你曾經對我有多好呢？我們在一起的第一個五月二十日，你在宿舍外面的草坪等我，甚至拿著手機先打好簡訊：「五二〇一三一四」，等到十三點十四分的時候傳給我。我說食堂的飯難吃，你就早起跑到市場買我喜歡的玉米排骨湯，再借隔壁寢室的廚具為我煲湯。我喜歡看卻捨不得買的書，你替我買了一整套，說每次看我在書店拿起又放下，心情就很不好。

我不知道的是：你傳完簡訊後，在草坪坐了一個小時；你為了煲湯給我而燙傷了手；你為了替我買書，週末時又去做了兩份兼職。

是啊，你對我那麼好，我們卻還是分了手。

高鐵快要啟動的最後一分鐘，我鑽進了車廂。

現在我以時速三百多公里的速度向你靠近。我聽見心臟的跳動，一聲一聲快要擠出喉嚨。

三年了，失去你音訊的三年裡，P，我有好多話想對你說……你過得好不好？你有沒有變？不知道你會穿什麼衣服、背什麼包、經歷哪些事？不知道你有過哪些快樂和失望，而那些時候你是怎麼過來的？這些，我都無從知曉，因為我喜歡的你，停在了三年前。

下車的時候，我走到出口，倚在欄杆上。周遭來來往往、喧囂吵鬧，列車的訊息冰冷而單調。我雙手插在衣服口袋裡，低著頭，不知道要去哪裡。我向來不習慣在人群裡等待。

就這樣，時間悄然流過。看到一雙腳慢慢走近我時，我緩緩抬起頭，等到的是你故作鎮定的一句：「嗨。」那是三年後第一次見到你，你的頭髮比以前短了，戴著的圍巾、背著的包、穿的衣服和鞋子，一切對我來說都好陌生。

我笑著回應你：「嗨。」

跟你走到公車站途中，你說：「難得來上海，去點周邊的小鎮吧。」

我們一路搭車，我站在你身邊。你的眼睛還是很大，三年來好像沒有變化。我原**以為我們會聊很多，可說完各自的工作就開始沉默。**

你說，想留在上海。

你說，覺得自己再努力會有希望。

你說，雖然很累但也充實。

你說，現在我也做了自己喜歡的事情，真不錯。

你說，想不到那次見面後，至今已經三年了。

我很想笑，很想假裝自己快樂，可我笑不出來，更快樂不了。

到達小鎮的時候，剛過下午一點。天很冷，風很大。身邊很多一同前來的遊客，大家依序走著。印象中，跟你在一起，我們沒有一起旅遊過，只是出門約會、吃飯、看電影。

我還記得第一次約會，你為穿什麼顏色的T恤糾結半天，而你的遲到讓我生氣。那天，我們去看電影、逛超市，還沿著河走了很遠，一路上你牽著我，真的很令人安心。而現在，我還是走在你身後，看你背雙肩包。只是我不知道我們算什麼，算是朋友嗎？

同行的陌生人問我們小鎮怎麼走，你說一起走吧，我們也是去那兒的。那個人看著我時，不經意的閃過一絲疑惑，也許在想，**我是你的誰呢？**我只是笑笑，滿不在乎的走到你前面，假裝很隨意。

那天你跟我走在一起，不時會看手機、聊微信，眼睛常盯著螢幕笑。我問：「是女朋友吧？」你才抬頭看我，說：「沒有，只是聊了好幾個月。」那時候遠處的草坪上，有很多穿婚紗的新婚夫婦，即使在寒風裡凍得瑟瑟發抖，依然咧開嘴笑，在攝影師喀嚓的照片裡留住青春與愛情。

後來朋友打電話給我，說起她和男朋友的事，你則在一旁一言不發，看著我安慰勸導。待我掛了電話，你說：「現在妳終於做了自己想做的事，成為一名情感諮詢師了啊。」

我說：「你也是啊，快要在這個城市扎根了。你要的穩定且簡單的生活已經有了，就差一個愛的人了。」

你說：「妳才是啊，老大不小了。人家的問題都解決了，妳自己的呢？」

我說：「看緣分吧。」於是我們又沉默的走了很久。

後來你送我去車站，趁著等車的空檔，你突然一臉嫌棄的說：「妳這件衣服不好看。」我回覆：「會嗎？我挺喜歡的。」聽完，你低頭看手機。

那個時候，我突然覺得，你再也不是我喜歡的人了，我也不再是你心裡眷戀的人。不僅**你對別人的好與我無關**，就連**你的笑容**、**你的所有愛**，**都不會再和我有任何關係**。

我們因為什麼原因分開的呢？這我說不清。也許只是兩個人的想法不一樣了，也許是兩個人追求的方向不一致了。說起來，我曾經真的考慮過和你結婚，可我以後再也不會想了。

我在回去的車上睡了一覺。我又夢到年輕時二十歲的你，我們在早餐店吃綠豆粥、油條。你看著我閃亮的眼睛，說你這輩子都想和我幸福的在一起——只是後來，我們都走散了。

之後某天，我工作到凌晨，看著你微信的大頭貼，發現你的社群動態裡出現一個女孩，還有你的文字：「『單身狗』怎麼了？老子終於可以秀了啊！」

我又看了你大頭貼很久，久到差點睡著。趁著最後清醒的時候，我索性把你刪掉了。我想，這輩子可能都無法與你再相見，而且也不用再見。

我還能怎麼樣呢？我是失去了你這個無話不談的朋友，還是這段刻骨銘心的感情？不過，一開始就喜歡的人，怎麼甘心做朋友？當**我選擇你那一刻起，我就開始失去**；現在，是時候離開了。

無法祝福，無法再見，無法重來。

8. 勸離

有時候我會想，愛情究竟是什麼？是鏡花水月，還是細水長流？這個世界上有百分之百合適的人嗎？也許沒有。

那愛情的保鮮期有多久？一個月、三個月、一年，還是三年？究竟怎樣才能讓你喜歡的人喜歡上你？你為什麼就不能喜歡我？

想來想去，誰也解釋不了。畢竟愛情如果能用數學公式算出來，那世上也不會有失戀的人和「單身狗」了。

不知道是不是七夕的關係，平日沒有太多來信的微信，也收到了很多讀者來信。

有人說：他對我做了很過分的事，我不打算愛他了。

有人說：情人節他沒有表示，七夕我們分隔兩地，之間隔著一個省，他還是不願來看我，既沒有鮮花也沒有禮物……我「沒有男朋友」。

還有的說：老公這個月出軌，我很難過，難過到想離婚，只是我們有個六歲大的孩子……。

我總是一個旁觀者，看著你們的故事，看著那些斷斷續續的文字，以及不深不淺的話。我對最後一個來信的讀者說：「妳覺得他不愛妳，那就是不愛妳；妳覺得他對不起妳，那就是對不起妳；妳在猶豫是否離婚，那就該離婚。」我不是犀利、不是冷血、不是淡漠，**我只是無比清醒**。

很多人都是自己感情裡的困獸。而我也會有懦弱、卑微、失態的時候——當我愛一個人。

前一天，我在社群動態裡發了一段心情：

我會情緒失控、精神失常、患得患失、胡思亂想，會感到甜蜜、心酸，也會感動、流淚。所以妳要問我愛情是什麼，我只能說，不可控制亦不可言說。愛一個值得妳愛的人，妳會幸福；愛一個不愛妳的人，妳會卑微痛苦；愛一個不能愛的人，你們註定有一天要結束。

如果在一段感情裡，妳的猶豫多於堅定、孤獨多於陪伴、失望多於期待、傷心多於開心，我會勸妳離開，勸妳放手，勸妳一個人好好過。如果妳不能從那個人身上得到更多安全感、幸福感，那樣你們在一起，還不如自己一個人開心的活著。

一個人無論年紀多大、處於何種境地，對待愛情的態度向來都該是：**為一個值得的人付出，找一個喜歡的人談戀愛**。永遠不要在一段感情裡委屈了自己。

很多時候，我們會被愛情的假象欺騙，以為那個天天說愛妳、妳生病時叮嚀妳多喝熱水的人是愛妳的。可我們早已過了「耳聽愛情」的年紀。

我不羨慕那些手捧玫瑰的人，而是羨慕那些即使在擁擠的公車、地鐵裡，也小心呵護手裡的花，不自覺泛起幸福笑臉的人。

我不羨慕那些鮮衣怒馬的人，我羨慕的是即使沒有多少像樣的衣服，也會挑乾淨的穿，即使吃不起法式餐廳、坐不起遊艇，但無論多久、多遠、多艱難，都會去愛另一半的人。我羨慕的是他用一整天時間去研究她喜歡的食物，為她做一頓晚餐，就算看她狼吞虎嚥，也會微笑著對她說：「妳吃慢一點啊，沒人跟妳搶。」

我不羨慕那些大聲求愛的誓言，只羨慕平凡生活裡，最動人的珍貴。那些無論生老病死，都不離不棄的陪伴；那些即使天各一方，心裡都留有對方位置的等待；那些就算無法在一起，也在心裡深深祝福的愛意。

我羨慕真心相愛的人。

愛是這個世界上最柔軟的一件事。因為有了愛，再堅固的心都會被溫柔呵護，再尖銳的世界都能出現一條退路。

好的愛情，就像一場舒服的旅行，妳快樂，妳自由，而且心裡是眷念、是喜歡，是跟他在一起，不管到哪裡、做什麼，都好。

無論妳是什麼模樣，就算不高、不瘦，甚至鼻子長痘，他都愛妳。喜歡就是為妳付出——妳喜歡的電影他陪妳去看，妳愛吃的他去買來給妳，妳跟他無意間說起的事情他都記在心裡。他喜歡妳就會寵妳，無條件的一直對妳好。

他不喜歡妳，就不會和妳多說話。他不會和妳說早安、晚安，妳要不要睡了、要不要起床了，都跟他沒關係；妳喜歡什麼他說妳自己去買，妳要看電影他說妳自己去看，**妳跟他說話時得努力找話題**，但妳一直問他很多事，在他看來就是一種打擾，和垃圾訊息沒兩樣。他不喜歡妳，妳做什麼都是任性跟無理取鬧，簡直不可理喻。

愛過一個不值得愛的人不可怕，可怕的是因為長期的戀愛失敗，而失去愛的能力。很多人總是無法把握住一段感情，無法談穩定且長久的戀愛，這與他們性格的患得患失有關，也跟他們太容易愛上一個人有關，更與他們的自卑、軟弱有關。

希望妳做一個積極、健康、有能量的人。

錯誤的感情應該及時放手，不管有沒有戀愛，有沒有結婚、生孩子，最重要的是妳過得好不好、開不開心、有沒有人疼。如果他不疼愛妳，就不要再找他了，因為妳自己也能好好過。

對於愛情，遇到了是上天的恩賜，遇不到也只是一時的。很多人在七夕這一天表白，搞得全世界都好像在戀愛，收到鮮花、巧克力的人很多，可真正幸不幸福，只有那個人自己知道。

從容的活著，那個愛妳的人總會到妳身邊，不要著急，不要浮躁，不要覺得自己落單。單身也可以很快樂。

我一直很喜歡中國公路電影《後會無期》裡蘇米說的那句話：「聽過無數道理，還是過不好這一生，那就隨著心意任性的走吧，走累了再安營紮寨，或者永遠也不。別回頭，也別猶豫，**太急沒有故事，太緩沒有人生**。」

別怕，妳總會遇到屬於妳的愛情。愛對了人，每天都是情人節。

祝妳幸福。

9. 不是愛無能，是還沒遇到對的人

逛微博的時候，我看到一個話題：「單身久了，是一種怎麼樣的體驗？」看著成百上千的評論，彷彿每一則都在說自己，那時候，真是萬箭穿心。

「一到晚上彷彿就變成了詩人，偶爾羨慕情侶，偶爾慶幸自由。」

「不想再花太多精力，去重新認識一個人了。」

「我現在對婚姻愛情不抱任何期望，只想暴富。躲得過對酒當歌的夜，躲不過四下無人的街。」諸如此類的。

看完我想了很久，**為什麼現在那麼多好女孩、好男孩都單身？**是生活太狹窄，還是身邊的人太無趣？也許，還是應了英國作家王爾德（Oscar Wilde）的那句話：「這個世界上好看的臉蛋太多，有趣的靈魂太少。」

不知從何時起，我對「單身」這事再也不能視若無睹。以前還能打著哈哈，覺得年輕人怕什麼孤單啊，現在卻開始沒來由的害怕再也遇不到合適的人。可其實，一年年慢慢累積的，除了那怎樣奔跑都趕不上的歲月，還有一顆被自己懷疑到不會跳動的心臟。

朋友說：「真的很難有那種年輕時，怦然心動的感覺了。」是啊，有時候，我竟會**羨慕別人還可以失戀，我卻連喜歡一個人的感覺都沒有了**。

再也不會有一個人，可以讓我像從前那樣，全身上下只有一百元人民幣了，還會花三十元搭計程車去見他、六十元買兩張電影票、八元喝一杯奶茶，等看完電影送他回家之後，再用口袋的兩個硬幣，自己坐公車回家，這樣也很開心、很滿足。

當我喜歡一個人，和他在一起的時候，即使整個世界都暗了，我的內心依舊澄澈光明。那時候，我想把自己的全部都給他。可這樣的人，現在好像也很難遇到了。

愛情裡，最難過的是：妳喜歡的人不出現，出現的人妳不喜歡。即使妳一遍遍的問：「為什麼我喜歡的人不喜歡我？」可嘆沒有標準答案，不過是蘿蔔、青菜，各有所愛罷了。

我們喜歡一個人，時刻想著如何變成對方喜歡的模樣。可是我們會愛上一個人，不就是喜歡那個人原來的模樣嗎？同樣的，真正愛我們的人，也是喜歡我們最真實的樣子。

也許妳可以因為他喜歡長頭髮，把妳的頭髮留長；因為他喜歡乖乖女，妳不再走路大步、說話任性；因為他喜歡安靜的女生，妳從過往的活潑大方、不拘小節，變得安靜柔和……妳拚命變成他喜歡的樣子，卻在不知不覺中失去了自己，還弄得自己很疲憊。

真正愛妳的人，又怎麼會讓妳這麼疲憊？妳只是拚命迎合他的喜好，卻忘了，愛一個人是發自真心的。有些喜歡和感受，是骨子裡生來就有的。**喜歡妳，或許始於外貌，但將陷於才華，終於人品。**

有人說，每個人心裡都有愛，二十幾歲的人，沒有不渴望愛情的。

記得香港電影導演王家衛有次讓演員翻譯「I love you」。有的人直接說「我愛你」，王家衛一聽就不高興了，「你怎麼可以這樣翻譯呢？應該是：『我已經很久沒有坐過摩托車，也很久沒試過這麼接近一個人了。雖然我知道這條路不是很遠，也知道不久後就會下車，可是這一分鐘，我覺得好暖。』」也難怪中國作家張嘉佳會說，跟王家衛喝酒，不會寫書也能作詩了。

其實年紀越大，越相信曾經不屑相信的命運；相信，會有那個能懂得自己所有心思的人。

就像中國女演員張靜初說的，妳是什麼人，就會遇見什麼人。

妳看那幾個互為閨密的女演員——舒淇、林心如、李冰冰——都找到了真愛，妳心中又重燃了對愛情的期望。

舒淇說：「只要最後是你，我都願意。」

林心如說：「終於等到你，還好我沒放棄。」

李冰冰說：「一切都是最好的安排。」

原來，我們**不是愛無能，是真的還沒遇到那個對的人。**

我始終相信，會有一個為妳翻山越嶺、穿過四季，在對的時間點裡來到妳身邊的人。就像郭敬明在小說《小時代》裡寫的：

他一定會穿越這個世界上洶湧的人群，一一走過他們，並懷著一顆用力跳動的心臟走向妳。

他一定會帶著滿腔的熱忱和沉甸甸的愛，走向妳、抓緊妳。他會迫不及待的走到妳的身邊，如果他年輕，那他一定會像頑劣的孩童霸占著自己的玩具不肯與別人分享般的擁抱妳；如果他已經不再年輕，那他一定會像披荊斬棘歸來的獵人，在妳身邊燃起篝火，然後擁抱著妳疲憊而放心的睡去。

他一定會找到妳，妳要等。

第三章

自信的女子
各有各的受傷過往

男人的 13 種「渣」法，殺不死妳的，
會讓妳更強。

1. 愛不愛妳，全體現在聊天紀錄

之前網路上流行一句話：「聊天紀錄是你們最深的情話。」**一個人愛不愛妳，都體現在你們的聊天紀錄裡**。

他若愛妳，不僅吃飯時跟妳說話，洗澡不擦手也要回妳訊息，手機沒電了就立刻找地方充電，就怕消息回晚了妳會擔心，而且即使再累再睏，也要跟妳說晚安；他若不愛妳了，手機就算玩到沒電也不會回妳，更不怕妳擔心，這樣的他不忙、不累也不睏，只是再也不想和妳聊天了。

所以當嬌嬌傳微信跟我說她和子言分手時，我一點也不驚訝。

子言總是讓嬌嬌等——吃飯、看電影，讓嬌嬌等；共度紀念日時，讓嬌嬌等；白天也讓嬌嬌等，晚上也讓嬌嬌等，等到嬌嬌眼神落寞，子言還沒開口，嬌嬌就點頭說：「好，你忙吧。」

嬌嬌總是找話題跟子言聊天，她說早餐吃什麼，說早晨的天氣，說她的室友新養的貓，說公司來的新同事，說做了子言喜歡的菜，說親愛的要好好照顧自己，說放假來找我、來看我，以後我們住一起。

不過子言只會笑笑，說「好、嗯」，或者乾脆不說話，隔了好久，再傳一個貼圖給嬌嬌。

其實我知道，在這份不對等的愛情裡，嬌嬌有多累。她本是個驕傲的公主啊！可為了子言，她變得無比懂事、成熟，不讓人操心。即使如此，子言還是不夠愛她。他從不主動找嬌嬌聊天，就算主動找了，也是說不了幾句話就消失，直到第二天才對嬌嬌說：「昨晚睡著了，早上醒來想著沒什麼好回就不回了。」

嬌嬌問我：「為什麼戀愛這麼難？」

我說：「**不是戀愛難，是和一個不愛妳的人談戀愛，真的很難。**」

他不愛妳，就不會跟妳聊天氣、新來的同事、最近的心情，也不會主動找妳、不問候妳，甚至不想妳，妳的聯繫方式在他的通訊錄裡不過是個擺設罷了。

他不愛妳，你們的聊天紀錄就只是：妳一個人心酸；妳一個人難過；妳一個人陷進去，走不出來。

也有讀者說女朋友經常不回他微信，打電話給她也總是不接，都說沒聽到鈴聲。他問我女朋友為什麼對他這麼冷淡。

我說：「因為不喜歡了，不愛了，就不想說太多了。」

他又問：「會不會是她性格本來就這樣，常不理人呢？」

我於是不再多說——男女對調也一樣，如果你總問一個人愛不愛你，那對方就是不愛你。真正的愛，從你們說話的語氣、聊天的次數、電話講多久、見面的次數都能看出來，因為它們都是愛的表現。

妳總在找他愛妳的證明，但，沒用的，他愛不愛妳，妳心裡最清楚。

什麼時候開始，我們從最初的無話不談，甚至聊一整夜都不睏，到現在光是一句「嗯」、一句「哦」、一句「好的」，就再也聊不下去？什麼時候開始，你連一張貼圖都不願意傳給我，一個字也不再多說？

什麼時候開始，我還在你通訊錄裡，卻連你的社群動態都看不了？所有的話，我都放在草稿裡，點開你的大頭貼準備傳訊息，只是輸入框的游標一直在閃，**我打打刪刪，終究還是什麼都傳不出去**。你再也不會看到「對方正在輸入……」。

什麼時候開始的？你不再愛我的時候。於是你不會想起我，不再關心我，亦不再屬於我……你不愛我了。

別再等他的訊息，也別再等他的電話，更別再等他許妳的未來了。**愛妳的人自然會來找妳**，他不找妳、不想妳、不跟妳說話、不見妳、不管妳，僅僅是因為不愛妳了。妳問他為什麼不愛了，又有什麼意義？**對於一個不愛妳的人，什麼都可以成為不愛的理由**。

就這樣算了好嗎？放過自己吧！

2. 相遇就是一種奇蹟，不分手則是另一種

不知道從什麼時候開始，很多人都失戀了，彷彿整座城市都在失戀。啊，失戀啊失戀，從全城熱戀到全城失戀。

男人說：「女人不好找，要你有車有房，還要心地善良，只愛她一個，真的好累啊！」女人說：「男人不好找，沒錢的很愛妳，但日子會苦；有錢的不愛妳，日子會更讓人煩心。人品不好的不能嫁，人品好的，則是愛著愛著就不愛了。」彷彿大家都談不好戀愛，不是今天分手，就是明天說再見。

有一段時間，共有五名網友跟我說她們和另一半分手了。

她們跟我抱怨：男朋友不為我花心思；男朋友每天只會道早安、晚安，不會說動人情話，像個機器人；遠距離戀愛了兩年，沒辦法實際在一起，索性不想拖著了；不

夠在乎、不夠愛彼此了；雙方已經一個月沒聯繫，沒說分手也和分手無異了。

兩個人在一起，為什麼時間越長，問題越多？**人生若只如初見多好！**

有人問我什麼是愛。我說愛就是想觸碰，卻收回手。當妳覺得他愛妳時，那他就愛妳；當妳覺得他不愛妳時，那他就不愛妳。當妳覺得自己配不上他時，那就是真的配不上他；當妳覺得你們的戀情沒指望時，那就是沒指望了。

其實一個人愛不愛妳，妳比任何人都知道。

他不愛妳，就會對妳的愛視而不見，對妳的思念視若無睹，對妳的電話及簡訊置若罔聞。放心，他沒死、沒壞，只是對妳沒感覺了。

他愛妳，不用妳說，都會主動找妳，洗澡時看到妳的訊息照樣立刻回妳，就連出門去了，也會主動傳定位給妳，不讓妳擔心。他會打電話跟妳說他想妳了，會用行動證明他愛妳，會為妳花錢，買妳喜歡的零食、水果、娃娃來討妳歡心——他愛妳，妳就是他生命中最重要的；他不愛妳，就什麼都比妳重要。

其實有時候我會想，既然好不容易牽手走到一起的人，為何不珍惜？兩個人都在努力成為更好的人，都在彼此的生命裡不斷成長，這是多好的事情啊！

中國作家安東尼寫過：「能和你現在牽著手的那個人，你們相遇的機率簡直近乎奇蹟。」既然在一起就是奇蹟，那還有什麼理由不珍惜？

好好愛你的那個她。她沒有那麼無理取鬧，非要你用錢證明什麼，她只是想要你的愛。

你應該讓她覺得和你在一起，這輩子就認定你了；只要和你在一起，去哪裡、做什麼，她都會安心。她很在乎你，才會鬧，才會任性，所以你要理解、安慰她，對她好一點，讓她安心。

好好愛妳的那個他。他不是超人，也會有想哭的時候，也會覺得壓力很大，也希望妳能理解他、支持他。

再給他一點時間吧，他愛妳，只是不善於用言語表達，但他會用他最笨拙的方式去表達對妳的愛。他會學著如何討妳歡心，會學著哄妳，為妳買花、挑禮物，慢慢變成妳理想中的那個人。

別分手了。下一次，就談一場不分手的戀愛。如果妳真的喜歡對方就用心去愛，不喜歡了，走不下去了，也記得和對方好好說再見。

感情不是一個人的事，需要雙方一起努力。如果一方不用心而一方用心，那麼這段感情很難走到最後。

大概從始至終，我認為最好的愛情，就是**慎重並真心誠意的開始**，雙方沒有欺騙、沒有隱瞞，只是因為愛才會在一起。然後彼此開始相互磨合，過了那道坎就在一起；過不了，也別抱怨，別惡語相向，**好好說再見，也算是一段感情的圓滿**。

真希望妳愛的那個人，能一直牽著妳的手，打死都不放開……如此這般，好不好呢？希望妳說好。

3. 什麼情形下「到此為止吧」？

有一次我早上醒來的時候，收到朋友的微信：「喵，我失戀了。」我很吃驚，想著那麼好的兩個人說散就散了，打死我也不信。我說：「你們兩個鬧著玩的吧？」

「所有人都說我們感情好，可再好我們也回不去了。」後來，她和我說了很多他們分手的理由。也許他累了，不要她了；也許他沒有以前那麼在乎她了；也許喜歡和適合真的是兩回事。

「我折磨著他，也折磨著自己。」聽她這麼說，我竟不知道怎麼安慰。明明還是在乎彼此的，卻無法繼續了；明明還愛對方，卻不能在一起了——說回不去就真的回不去了。

有時候，我會想：情侶之間為什麼處著處著就變了？就像香港歌手王菀之在〈不再說分手〉裡唱的：「你不挽留，我不回頭，**什麼時候我們失去了糾纏的理由？**」

愛一個人也許是突然間的心血來潮，可失去一個人卻是一點點累積的。羅馬一天建不好，情侶也一天散不了，很多時候，**你們相處的點滴，就折射出未來的模樣**。

有人說兩人在一起合不合適，看他們相處的細節就知道。誰都不會一開始就不愛了，總是先珍惜，再慢慢失去。

橘子汽水剛打開瓶蓋，喝第一口，舌根感覺很刺激。愛情最初也像這樣，熱戀的時候你儂我儂，哪怕只是去逛街都很甜蜜。可漸漸的，兩人生活在一起，妳對他有恃無恐，他便開始慢慢敷衍妳。

每一次爭吵，你們的心就生出一個疙瘩、留下一個傷口，待疙瘩多了、傷口深了，你們的愛情就沒以前那麼好了。

這時你們才知道，原來兩個人之間**不是不愛**，**是不懂得如何相處了**，不懂得真正體諒和遷就對方。也有可能他還不是那個最能包容妳的人，妳也不是他心中那個最適合的人。

很多時候，愛情沒有敗給時間和距離，是敗給了生活和細節。誰都想人生若只如初見，但比起「乍見之歡」，更重要的還是「久處不厭」。

朋友後來說，其實感情開始出現裂痕時，她曾經試圖彌補，他卻不配合。

再後來，她失戀了，聽了一整天的歌，然後哭著問我是不是她太任性，才把男友嚇跑了。我聽了挺心疼的。其實比起任性，我更願意相信，他對她沒有那麼強的包容力；又或者他愛過了，也累了，沒有耐心等待他們的未來了。

感情的裂痕一旦出現，哪怕彼此再努力填補，也很難使它消失。

為什麼很多情侶到了分開之後，才幡然悔悟，還能好好在一起時，反而不會把握機會？人啊，總是失去後才懂得珍惜！

每一段感情都是那麼珍貴，那麼獨一無二。明明人潮洶湧，但偏偏愛上了對方。要知道，現在還能夠牽手在一起的人，需要多大的緣分啊。有些人，光是遇見都算賺到；可有些人，緣分還是不夠多，就這麼錯過了。

不過在一起相處合不合適，才是兩人能否牽手長久走下去的理由。如果雙方真的努力了，也無怨無悔啊！愛情，沒有對錯，沒有道理，兩個人真的走到盡頭，就不要遷就了。

其實，愛上你是我無法控制的事情。當你這麼問我：「**明知道沒有結果，還要愛嗎？**」我只想說：「**我如果沒有愛你，才是真的沒有結果。**」

其實，我真的很努力、很努力的和你在一起了。你說我任性又有公主病，我可以改，但你沒有耐心等我，也不如從前那般愛我了——你對我們的愛情沒了信心，於是不願意繼續經營這份感情。

我不想委屈自己，更不想每天哭得昏天暗地，那就到這裡吧。既然說了分手，就不要回頭再哭得像條狗。我還能抱抱自己，跟自己說：「我會好好生活。」雖然還是很愛你，很想和你在一起，但也真的只能到這裡了。你已經對我們的未來感到失望，那我還期望什麼？

相愛的人分道揚鑣了，要怎麼回頭呢？你的咖啡已經變成了紅酒，酒醒後也許會難受，但至少我們不用再說分手。

愛對了是愛情，愛錯了是青春。也許，我們彼此成了最熟悉的陌生人，是彼此好友列表裡再也不會點開的存在……說不難過是假的，誰談了場分手的戀愛會高興啊！可我還是要走，還是要放下這段感情。因為我們已經分手了。

敬往事一杯酒，再愛也不回頭；敬未來一杯酒，再苦也不將就。下一次，一定會比現在更好，我會學會包容和理解，而你會找到比我更合適的人，我也會遇見另一個更懂我、更愛我的人。

我想把頭髮留長，不吹晚風，不喝烈酒……不再想起你。

讓我們都慢慢學會成長，變成更好的自己——分手快樂，此去經年，不見。

4. 撩妹知渣男，分手見人品

有一次，一位網友跟我聊天，說自己被分手了。原因是心心念念、愛得不要不要的男朋友，在和她冷戰時，都能撩上別的女生，只見各種社交軟體、聊天程式上，左一個「親親」的貼圖，右一個「親愛的」叫著，簡直上天下地、無孔不入，把她弄得一愣一愣的。

我說：「他這麼會講話，怎麼不去選民代？」

她之前一直不知道這些事，所以男朋友提分手時，她特別難過，無論怎麼挽留都沒用。後來她鬼使神差，登出常用的微信，改登工作用的小號（按：即分身帳號），沒想到不登還好，一登就出大事，劇情真是比鄉土劇還奇葩——小號的社群動態裡，彼時彼刻是她男友正和別的女生瘋狂放閃，不但又牽手又擁抱的，還配了文字：「遇見妳，是一種幸福……。」

什麼？她這邊眼淚還沒乾，男生那邊就以火箭般的速度交了新女友，開始赤裸裸的放閃了，連個失戀期都不用熬，簡直厲害啊！

網友說，要不是有這個小號，她根本不知道男友在和自己交往時，隱藏了她多少消息。什麼「見面」、「第一次和妳吃飯」……從沒記錄過與她交往點滴的男友，竟然對別的女生上心到如此程度。大概這個所謂的男友，也忘了她這個小號的存在。

她啊，前一秒還傷心欲絕，後一秒就脊背發涼。那個嘴上總說「我愛妳」的人，心裡卻寫滿了隱瞞和背叛，真是知人知面不知心！

感情中最容不得就是欺騙，可以不愛，但請別傷害。沒有任何人願意把自己的對象，拿來跟別人分享，畢竟感情永遠都很自私。

我有個閨密之前就愛過段位更高的渣男。這男的，主動承認自己愛上了別人，當著女友的面聲淚俱下，說自己不能沒有新找的那個她，希望女友成全，還說對不起女友，希望女友找到真正的幸福。最後更補上：「雖然知道妳會恨我，但我還是要說出來。妳打我吧，我配不上妳，更對不起妳，可我真的愛她。」

天啊，這話說得真是動情動心！愛上別人，我情非得已；愛上別人，所以我找到真愛；愛上別人，妳不成全我們就是小心眼。搞什麼？我受傷了，我被背叛、被欺騙了，還要大器的說：「好，我原諒你，不攔著你，去尋找屬於自己的幸福吧。」這樣嗎？我還要為你鼓掌，祝賀你找到真愛？你愛上別人不是你的錯，要怪就怪愛情來得太快，就像龍捲風？

可以啊，只是你撩別人，撩到牽手、擁抱，做你的女朋友，想怎麼做就怎麼做的時候，怎麼沒想過你有女朋友啊？你怎麼不想想，你有一個時時刻刻都在學習如何和你好好在一起、體諒你、寬容你、照顧你的女朋友？一個什麼都考慮你、真的想過你們的未來、一直在努力的女朋友！

她給你的那麼多愛就不是愛，她對你的好就不是好？憑什麼啊？既然如此，當初為何還要跟她在一起？更過分的是，你還在你們尚未分手的時候，做那些既齷齪又傷人的事。

你去俘獲另一個女孩的芳心的時候，怎麼沒想到她整顆心都放在你身上？你去牽另一個女孩的手，對她說那些你和你女友說過的話，良心不會痛嗎？真當自己是世紀情聖，以為女生個個都愛你，離開你會死啊？

你這樣的人不配做她男朋友！

會撩是本事，但到處撩就是噁心了。這些動輒亂撩、玩弄感情的人渣，大概永遠不懂「責任」二字為何意，也不知道真正的愛情到底是什麼。一個沒有責任感的男人是不值得託付的，他連跟妳在一起時，最基本的彼此坦誠都做不到，還要在享受愛的同時再去勾搭別人，一遇到好的就把妳一腳踹開，這樣的人妳還要愛，不嫌髒嗎？

愛是發自內心的喜悅，是有生之年，與妳欣喜相逢；是妳中有我，我中有妳，如此互相依存的狀態。所以既然和對方在一起了，就是對彼此的一種承諾。男朋友畢竟不是擺設，是一種責任，要是負不起這個責任，就不要輕易成為別人的男朋友！

患難見真情，分手見人品。**分手時最能看清一個男人到底值不值得愛**。找男朋友，重要的不是他多高、多帥、多有錢，而是他的人品，能多讓妳信服。

人品不好的，再多金帥氣又有何用？擁有的不過是膚淺、虛偽的愛情。他們會肆無忌憚的傷害好女孩，也會被更多渣女玩弄於股掌之間，永遠得不到真愛。遼闊此生，連個真心愛的人都沒有，還有什麼比得不到真愛更可悲的？

別再覺得自己交過好幾個女朋友有多了不起、多值得炫耀了。這不叫本事，叫沒素質！

我所見過的好男人，是相貌佳又風趣，對人好但因人而異，而且凡事不用多說，細微之處全能見到他對女朋友的愛。除此之外，他們遇見一個人便認定對方，絕無二心；即使到最後無法在一起，也會好好結束這段戀情。這些好男人對待感情向來真摯，與對方共同成長，彼此依賴又相互獨立。

責任是什麼？就是牽起她的手，給她一份該有的幸福；也是放開她的手，即使不再是她的依靠，一樣祝福她。懂得愛的人才會在戀情裡拿捏事情輕重。

我從不覺得愛一個人就得愛一輩子，而不許愛別人了；我反對的是還沒分手就找新對象，明明還有女朋友卻以單身身分去撩別人。

你去撩啊，你去糟蹋感情啊，總有一天你會無路可退，身後是萬丈深淵，這時已後悔莫及。

男人，請真誠點，好好愛一個愛你的人，因為你不珍惜的話，以後可能再也沒有了。有女朋友，就不要亂撩別人，以免亂撩走火，不慎爆炸。

女人，請看清楚人再付出妳的真心，他喜歡撩妳，不代表他喜歡妳；真正喜歡妳的人，妳一定感受得到。他不愛妳，就是不愛，妳哭求著也沒用，別把自尊丟在地上任人糟蹋。愛過人渣不可怕，可妳不能一直眼瞎愛上同一個人渣。千萬要找一個與妳相配、值得妳愛的人去愛，放下那些錯的、壞的、死掉的感情。

「愛之於我不是肌膚之親，不是一蔬一飯，它是一種不死的欲望，是疲憊生活中的英雄夢想。」我喜歡這句話。

愛情，唯有真摯，才能細水長流；唯有坦誠，才打動人心。我想，這才是我們生而為人，畢生所追尋的愛。

5. 假戀愛

有一段時間很流行「假」。

「我可能看了假書，買了假筆，考了假試；我可能結了假婚，養了假兒子，買了假貨；我可能找了假男友，談了假戀愛，跟了假對象。」什麼？怎麼整個世界好像都假的？讓我懷疑人生啊！

不過我覺得，「交了假男友」倒可能是真的。

我身邊總有些女孩形單影隻，一個人上下班、吃飯、追劇、睡覺。說她們單身，她們個個有男友；說她們在談遠距離戀愛，人家又和另一半在同個城市。問過之後，得到的解釋是：大家都很忙，沒那麼多時間你儂我儂。

現在好像很流行這樣：身在同一個城市，卻跟網友一樣天天用微信談情說愛，平常忙就算了，週末彼此也沒空。妳陪妳閨密，我陪我兄弟，不就是不能見面嘛，大家都是成年人，一個人有什麼大不了？

怪不得網路上說：「堅強的自己，不需要抱抱。」可我總覺得這話太酸了，哪有人會不想和自己喜歡的人見面、吃飯、親親、抱抱、在一起啊？感情裡，沒有什麼比「戀愛像單身，且明明兩個人在同城市，卻弄得像網戀」還糟的吧？

之前有個朋友的戀愛狀態就是這樣，每次她約我們去喝茶，我們總會問她：「妳男朋友呢？」

她一聽，心就一下子沉到海底，喝著茶說：「他很忙。」

忙忙忙，有那麼忙嗎？連回個簡訊、打個電話、出來吃個飯的時間都沒有？連吃飯、喝水、上廁所、睡覺的時間都沒有？

我說：「他不是忙，是妳對他來說不重要，他忙著不願為妳有空。」

她說：「我知道，但他偶爾會帶我去度假，每次出差也會買禮物給我。雖然對我忽冷忽熱，但這樣也很好啊！」

我說：「愛情呢，其實沒有那麼燦爛迷人，平凡才可貴。」

他能帶妳去旅遊，卻不能陪妳逛超市，和妳一起做飯，窩在沙發看電影；他送妳貴重禮物，卻不能在雨天為妳撐傘，在晴天為妳遮陽，天冷為妳暖手；就連妳生病時，也只是用電話傳情，提醒妳多喝熱水，照顧好自己，再隔空給妳一個吻——他根本不會比誰都擔心、著急，非要拉妳去醫院，捨不得妳難受。

愛情，就是融入彼此生活的縫隙，如此陪伴在彼此身邊，讓那些艱澀的時光變得溫暖。

朋友苦笑著說：「可能我談了場假戀愛，找了個假對象吧。」是吧！戀愛過得比單身時還像單身，情人節、紀念日都是一個人過，看身邊的情侶都閃到不行，自己卻滿臉委屈，真是難受！

微博上有個話題：「**戀愛中，你們什麼時候最孤單？**」

大家紛紛回覆：「兩個人在一起卻比一個人更孤單。」、「我明明有對象卻還孤獨得要命。」、「做什麼都是一個人，他說我能幹，堅強到他無比放心。」、「就像阿桑〈葉子〉裡唱的囉！『我一個人吃飯、旅行、到處走走停停，也一個人看書、寫信、自己對話談心。』」

無獨有偶，我有個大學朋友也碰上了這樣的人。明明和男友同校，卻一週見一次面，不僅打電話給他不接，就連傳訊息也好久才回，說他在打遊戲。為了等男友一起吃飯，女孩硬是餓著肚子從早等到晚，男友卻姍姍來遲，只說了一句：「我吃過了，妳自己吃吧。」這是哪門子戀愛？

她男朋友就是那種，她不主動就不回應她的人，而且說洗澡去，就彷彿死在了浴室；說睡覺去，就彷彿死在了床上；說吃飯去，就彷彿死在了飯桌上。聽我們說：「這種男的送我都不要」，她特別委屈的向我們訴苦：「是他先追我的，一開始對我那麼好，沒想到**等我動心，他卻變了**。」

後來朋友分手了——在男生近乎一個月沒和她說過一句話後，她終於不再惦記著對方。

這種戀愛談得有夠委屈，這種分手方式也很差勁。男方連分手都不說，死拖著讓女方說出口；女方的一片真心真是給錯了人，明明有對象，還非得被貼上「單身」的標籤，這誰受得了啊？即使分手了，也傷痕累累。

人啊，後來思索了一下，就知道所謂的假戀愛，都是不真誠的戀愛罷了。有些人嘴上說愛，卻很少行動。他們以為兩個人在一起，就只是在一起而已，**從未想過真正進入對方的生活**。

在上述的戀愛中，另一半形同虛設，這樣的戀情就像是自導自演的獨角戲。都有男朋友了卻依然要獨立，還不是被逼的？如果有人給我依靠，我哪裡還想堅強？去他的堅強，我也想要抱抱。

當戀愛失去了原本真摯的模樣，兩個人在一起湊合著，只是看上去光鮮，待撕去表面，不過剩下虛無。

我很喜歡《宅男行不行》裡，主角謝爾頓給好友霍華德的結婚祝詞：「人窮盡一生追尋另一個人類共度一生的事，我一直無法理解。或許是我自己太有意思，無須他人陪伴，所以我祝你們在對方身上得到的快樂，與我給自己的一樣多。」

如果對方並沒有自己想得有趣、溫暖、安心，能夠給自己足夠多的陪伴，那還不如自己一個人。**與其低品質的戀愛，不如高品質的做自己**；一段傷人至深的假戀愛，遠不如靜下心來等到的那段真感情。

多希望妳能戒掉找假男朋友、談假戀愛、認識假對象的習慣，假菸、假酒、假藥已經很可怕了，如果連感情都是假的，那它的副作用實在太大了。

愛惜自己，妳很珍貴、很美，也很有趣，即使妳獨立、堅強且有能力，並不代表妳不能擁有一個呵護著妳、對妳百般疼愛、把妳當成女兒寵的對象，亦不代表妳不能擁有一段鮮衣怒馬、烈焰繁花般的真摯感情。

希望每一個女孩都能找到那個愛自己的護妻狂魔，讓那些假戀愛、假對象、假男友統統滾蛋。姐談戀愛就要有戀愛的感覺，要抱抱，要你儂我儂，要被男朋友寵上天，要經常見面、約會，說好多好多話，還要一起吃好多好多頓飯，彼此賴在一起。

如果這些都沒有，那談什麼戀愛啊！願世上所有戀情，都能少一點設計，多一點真誠。

6. 怎樣算黏人？怎樣算不黏？

「我覺得我女朋友好幼稚。」大牙跟我說這話的時候，我有點被嚇到，連忙問他：「不是吧？你們倆感情那麼好，情人節、紀念日的時候不是才在社群動態上秀恩愛？現在怎麼了？」

大牙嘆口氣，說道：「小蝶像裝了自動衛星探測器一樣，我要是稍微晚一點回她訊息，她就會打電話奪命狂催我理她，根本不管我在工作還是在開會。我覺得好累啊，人家都說女朋友應該找成熟點的，以前我還不信，現在信了。」

聽完大牙的話，我有點生氣，因為我真的不覺得小蝶有什麼問題。

這個女孩我太懂了，非常缺乏安全感，之前談的戀愛她都全心投入，分手後卻遍體鱗傷。當暖男大牙牽起她的手時，她真的被感動了，但由於長期缺乏安全感，讓她在這份感情裡很緊張。

雖然我能夠體諒小蝶，知道她這些讓大牙喘不過氣的舉動，都是她在乎他的證明，但男女的想法有時候真的不太一樣——妳這樣的在乎，或許在他看來是種負擔，是任性至極。

妳越是感到緊張，想用這些方式得到他的回應，證明他在乎妳，他越會覺得妳神經兮兮的，影響了他正常的生活。久而久之，你們之間的愛情就會出現問題。

很多男生說自己喜歡不黏人的女朋友，可是**什麼樣的女朋友才叫「不黏人」呢？**就是不會時時刻刻想知道你在做什麼，不會發社群動態標記你，甚至不會到處宣揚自己有男朋友了。除此之外，也不秀恩愛，永遠給你自由和最大的權益，更不在乎你穿皮鞋還是運動鞋、穿T恤還是襯衫，把你放在自由的國度。

這樣看來，你好像確實很舒心。

可是你怎麼不想想，她為什麼可以那麼氣定神閒，從來不被你的情緒牽動一絲一毫呢？原因只有一個，那就是她不愛你。

你問我，一個**男人如何讓自己的女朋友成熟一點**？那就是「不愛」。她不愛你的時候，比你媽還成熟，根本不想理你。她做出的「幼稚」行為，全部都是因為她愛你，所以才會那麼在乎你，時時刻刻想著你，甚至想要一直黏著你。

之前看過一個很讓人無言的問題：「女朋友像個沒長大的孩子，怎麼讓她獨立一點、成熟一點，不那麼任性？」文中這樣描述他的女朋友：和女朋友交往了一年多，覺得她智商極低，總是做一些很無腦的行為，比如要他送很多娃娃給自己，喜歡幫他做很可愛的便當，經常要他陪自己去遊樂場玩，而且愛看動畫片……。

我看完很生氣，這麼可愛又有少女心的女孩子，為什麼男生覺得她任性呢？難道一定要讓她雲淡風輕、看淡一切，才是好的女朋友嗎？難道這就是他所謂的成熟？

再看評論，果不其然大家都在指責他，說的不外乎是：「身在福中不知福，還不知道珍惜！」、「兄弟，有女朋友就知足吧！對方願意替你做飯、哄你開心，你還求什麼？」

在自己男朋友面前還那麼獨立、懂事的女人，不是不愛你，就是完全不關心你，好嗎？如果你愛她，怎麼會認為她不好，還說她幼稚呢？你女朋友其實挺好的，瞧瞧，群眾的眼睛多雪亮。

男生啊，真的別再嫌自己女朋友幼稚、不懂事了，那是因為她在乎你，所以才會時不時想起你，想知道你在做什麼；因為她愛你，所以才會為你買衣服，讓你穿得好；因為她需要你，所以才會**收起自己所有的獨立和堅強**，只想在你面前當個什麼都不想的女孩；因為她相信你、想依賴你，所以才會**放心的把自己交給你啊！**

不然你真的以為她是個大路痴，去哪都迷路還不會自己 Google？真當她沒力氣，上個樓都會氣喘吁吁？別說瓶蓋了，她擰消防栓都可以啊！別以為她真的什麼都做不好，她只是愛你，想讓你知道她有多需要你。

要不是她愛你，想要你照顧，你以為你是誰！你千萬別忘了，她可以多幼稚的黏著你，就可以多成熟、瀟灑的甩了你。她對你任性不是她天生就驕縱，對你依賴也不是天生就軟弱，她這麼做全是因為她愛你。

所以，想和男生說一下：珍惜那個還會時常煩你、有事沒事想著你的小傻瓜，那個在你面前什麼都做不好，好像沒了你什麼都不行的女孩吧。不要嫌她煩、嫌她鬧，她不鬧了才是真的出事了。

如果有一天，你發現她再也不主動聯繫你，亦不再關心你，而且什麼話都不告訴你，遇到什麼問題也不再想起你，並在你面前展現出從未有過的成熟果斷及優雅自信，那只有一個理由——她已經不愛你，再也不需要你了。

如果你問我，**一個黏人的女孩要如何在你面前，變成一個獨立自強的女人？**我會說，她不愛你就能做到。

7. 「已讀」功能只是給人更傷心的理由

手機震了一下，是冰冰傳來的語音訊息。

我忙不迭的打開，將手機湊到耳邊，只聽見她有氣無力的說：「喵，妳說微信要是有已讀功能該多好，這樣我就不用整天吃飯牽掛著『他是不是已讀不回』，或是睡覺前也牽掛著『他是不是太忙還沒看到』……他為什麼不回我微信呢？」

放下手機後，我不知道該怎麼回答她。

冰冰這段戀情，在我們這群好友眼裡一直很心酸。男生是冰冰倒追來的，如果說喜歡一個人真有一見鍾情，那冰冰就是這樣。明明在我們看來各方面都不適合的男生，冰冰就是喜歡得要命，任憑我們大眼瞪小眼，她都假裝沒看見，眼裡心裡都只剩下她的周南。

可周南和她在一起後，我卻從未發覺他對冰冰有任何一絲寵愛。都說男生愛一個女生，一定會把她寵上天，但我可愛的冰冰反倒無比乖巧懂事，而且變得越來越體貼、越來越退讓。

冰冰生理期，周南沒買過一包紅糖，甚至沒有一聲問候；冰冰沒吃飯，周南說了一句「妳自己出去吃」，然後繼續和室友開語音聊天玩遊戲；冰冰過節從沒收到禮物，反而送周南很多他根本捨不得花錢買的東西。

周南可以一、兩天不回冰冰訊息和電話，等冰冰到他宿舍樓下，他才懶洋洋的下樓說沒看見，然後又轉身上樓。冰冰一路哭著回寢室，連路過的女生都心疼的遞面紙給她。她說她想放棄，可第二天又跟沒事了一樣。

而之後，她就是重複這樣的傷心。

她跟我說過無數次：「如果微信也有『已讀』功能該有多好，這樣至少能知道他有沒有看我的訊息、感受到我的心意。」不過就算有「已讀」功能，妳傳的訊息在不愛妳的人眼裡，跟那些他看都不看、清都不想清的垃圾訊息，又有何區別呢？

愛情，終究騙不了自己。

朋友曾非常平靜又悲傷的向我說過一段話：「愛一個人，就像稻田裡吹過的風，**害怕他知道，又害怕他不知道，更害怕他知道卻假裝不知道。**」放在通訊軟體裡也是這樣——愛一個人，就像螢幕那端無法揣測的心情，害怕他看了訊息不高興，又害怕他不回訊息，更害怕他看到卻假裝沒看到。

我想起一個讀者女孩跟我說過的心事：她和男友是遠距離，開始時兩人總是很努力的擠時間、省錢，就為了坐車相聚；可漸漸的，當她來來回回，每一次都是不遠萬里相聚，最後卻不歡而散，她就再也不知道自己這樣做有何意義了……他們明明都很想在一起，卻慢慢的因為有事耽擱而沒及時回覆訊息，因為沒有生活在一起而沒了話題，於是兩人都不再挽留彼此。

她說自己再也不想要遠距離戀愛了。可我知道，真正打敗他們的不是時間、距離等外在因素，而是他們自己的心。

如果一個人足夠愛妳，他就會無比珍惜妳。不管是那些旁人看上去沒意義的話語、表情，在他看來都很寶貴又美好，因為愛一個人往往會說上很多很多話，哪怕是廢話也無妨。

同樣的，妳只要不開心，他會急成熱鍋上的螞蟻，坐十八小時硬座算什麼，就算只剩下商務座都捨得買票來看妳。更別說見妳有多開心了，他就是要把妳捧在手心上，妳說往東他絕對不往西，巴不得一天二十四小時像塊狗皮膏藥一樣黏著妳，撕都撕不下來。

他還不回妳訊息？算了吧，他是不想回妳。他沒出車禍、沒被外星人綁架，他只是覺得，妳，不重要。

說起微信沒有「已讀」功能，讓很多人吃了不少苦頭，可比起冰冰和周南，大丫的愛情就甜蜜穩定多了。那天我問她：「如果妳男朋友不回妳微信，妳會難受嗎？」她特別果斷的說：「我為什麼要難受？他不回我一定有事在忙，沒有的話就是一時耽擱了，總有原因的，我難受什麼？」

原來大丫之所以如此斬釘截鐵，就是因為男朋友給足了她安全感——每天睡前他都會打電話，跟她說晚安；就算當下沒回微信，他也會在有空後第一時間打給她，再晚也會傳個訊息讓她安心；他一有時間就來找她，她要去他那裡，他也會幫她提前訂好機票、旅館。關於她的一切，他都牢牢記在心裡；在他那兒，不管大丫有多不注意小細節，照樣瞬間被寵成小公主。

大丫說，微信「已讀」功能對她來說沒有任何意義，因為她知道男友喜歡她、在意她，跟他「有沒有讀訊息」真的沒關係。

愛情，不就是這樣嗎？**不需要用各種方式佐證**，只要擁有安全感、內心滿足，愛的人就在身邊。他愛不愛妳，妳自己知道；他有沒有讀妳的訊息，妳很清楚。

曾幾何時，微博有了「已讀」功能，但那又怎麼樣？妳喜歡的人不喜歡妳、不回妳，他有沒有看妳的訊息都沒有意義。那麼現在，微信「已讀」又有什麼用？僅僅是妳可以不再猜測「他有沒有看我的訊息」，也無須多出太多無謂的等待。面對不愛妳的人，妳終究感動不了他，就像妳永遠叫不醒一個裝睡的人。

那天，很晚了。朋友說了句令人痛心的話：「也許，如果有一天微信真的有『已讀』功能，也可能只是讓這世上被拒絕的人，多了個更傷心的理由。」

那麼，就讓我自私的最後再保留一下驕傲和尊嚴，收起那些敏感和脆弱，和那些不愛的人說再見吧。我再也不用猜你愛不愛我。因為我知道，若你不愛我，你所有的一切都基於「不愛」。

我還是很愛你，只是不想再喜歡你了。

8. 你女朋友是有多醜？沒見你在社群放閃過

說個聽來的故事。

有一天，進哥打語音電話給我，我們聊啊聊，不知怎的就說起一件挺有意思的事。他說他有個女性朋友問他：「為什麼男朋友不願把我發在社群動態裡呢？」

進哥當下聽到這樣的問題，感覺滿尷尬的。不過他畢竟是個男的，所以站在男生角度，進哥這麼回答：「有時候，談戀愛不在社群動態裡公開，並不代表他不喜歡妳。也許妳男朋友不喜歡透過這種方式來表現自己的愛情，又或者他覺得感情還沒到公開的時候。」

女孩就說：「可他連我弟弟、哥哥、同學、朋友等認識的人都發過，就是不發我的照片，也不在社群動態表明自己『女朋友』的存在。他倒不是個不愛發社群動態的人，反而非常活潑，連很小的事都能發社群動態。是我真的那麼醜，見不得人嗎？」

進哥於是說：「不如妳去問問男友。」

後來妹子的男朋友想了好久，就說不是不承認，也不是嫌她醜，而是不喜歡讓別人知道他戀愛了，只是單純的不喜歡讓人知道。

聽到這個答案，我真的很氣憤。進哥還說女孩特別沒安全感，有天甚至做了一個夢，夢到男友其實在外面另有女朋友，她頓時成了第三者。看看，如果一個男人真的很愛一個女人，又怎會讓她這般魂不守舍呢？

「戀愛該不該發社群動態」，不是個新話題了。以前就有讀者跟我說，她男朋友也是從來不秀恩愛，她都去他家見過父母了，可在他父母面前，她也只是他的朋友；出門在外，碰到熟人，他都會突然放開本來牽著的手。有次他把他社群動態封面換成女朋友的照片，他同事看到就問：「這你女朋友啊？」他還矢口否認：「不是啊，普通朋友。」然後立刻換掉照片。

我聽完翻了個白眼，說：「親愛的，妳確定他是妳的男朋友？」

她那天想了想便生氣了，可能再也忍不下去了。男友隨後解釋：「不是不喜歡晒女友，是覺得還沒到時候。」不是都說戀愛中的女孩子很傻嗎？她竟然就相信了他。後來好幾天他們沒說話，她去看男朋友社群動態也沒更新。某天，她閒來無事登了自己的小號，這才發現驚天大事——小號上，她看見她男友發了動態，秀出跟一個陌生女人的牽手照，還配文：「終於找到妳，我一定要好好珍惜，親愛的×××。」

她看得真是心裡滴血，不過還是用小號幫他按了個讚，並且評論幾句，之後就一個人哭了，把他加入黑名單。她覺得自己被一個男人的謊言騙得團團轉，**什麼還沒到時候，其實就是藉口**，他心裡根本從沒有她這個女朋友。

不知道看到這裡，大家是怎麼想的，反正從始至終我都相信：沒有秀恩愛秀到分手的情侶，只有那些見不得光的假愛情——戀愛就該秀啊！除非他真的是個不喜歡發社群動態的人，除此之外，我只相信他不夠喜歡妳，不願把妳公諸於眾。

不夠喜歡妳的原因太多了。

有的人覺得習慣妳了，不願放棄，可要他秀個恩愛，告訴別人妳是他女朋友，他又不想承認。還有的人把妳當成備胎，他熟悉的人都不知道妳的存在，妳不只是不出現在他社群動態、微博裡，他的手機裡可能都沒存妳的電話。

所以啊，但凡妳跟他在一起，有一點沒安全感都要注意，妳覺得他不夠喜歡妳，那就是不夠喜歡；妳覺得他不關心妳，就是不關心；妳覺得他總是忽略妳，那就是忽略。這些都是因為他沒把妳放在心裡，因為他真的不夠愛妳。不愛一個人，什麼都是分手的理由。

真的，遇到這樣的男人，就刪了他吧。

當然，男朋友是否真的把妳視為女朋友，不能只看「發不發社群動態，秀不秀恩愛」這一點。更多的是，他有沒有讓妳走進他的生活，讓妳不斷了解他，而不是看著妳越來越不懂他、猜不透他；他有沒有告訴妳他的行蹤，而不是天天不知去向，讓妳自己琢磨。

一個男人重視妳，妳一定感覺得到。別用眼睛，得用妳的心去感受。

我承認，這世上**有一些低調、不在社群動態秀恩愛的男人**，他們不喜歡別人窺探他的私生活，**但這並不能成為讓女朋友不安的理由**。因為他也僅僅是不發社群動態秀恩愛而已，他身邊的好友都知道妳，與他共事的同事都見過妳，他也會大方的向父母介紹妳，說妳是他女朋友，盡力讓妳安心。

而那些因為女朋友逼他發社群動態就說對方任性的男人，我只想問：你有什麼資格說別人任性？平心而論，你要是在生活中給她足夠的安全感，她又怎麼會要你在社群動態秀恩愛？

女生總愛用一些事，不斷檢驗身邊的男人愛不愛她。說到底，她只是對這段感情失望了，而你的冷漠也成了壓死你們愛情的最後一根稻草。真心喜歡另一半的人，一定會給對方足夠的安全感。

談戀愛啊，不要給自己留退路，有了退路就不會用心了。

那些不願意秀恩愛又不給妳安全感的男人，他就是不喜歡妳。除此之外，我真的想不出其他原因了。

9. 有些分手蓄謀已久，就你認為說走就走

有一次七先生和我在小酒館喝酒，看他悶悶不樂，我就問他：「開心先生，誰惹你不開心了？」

他喝了口酒，斜著眼看我，有氣無力的說：「我可能真的談了場假戀愛，找了個假女友。」

七先生說的這段故事，主角是他和辦公室新來的女孩。這個女孩很可愛，皮膚很白，整個人小巧玲瓏。七先生第一次見到她的時候，就發微信跟我說：「我覺得我這次找到了真愛。」

後來女孩在七先生強烈的追求下，答應和他交往，七先生也開始存錢，我們叫他出來聚會，他一律拒絕，說要給女朋友當旅遊基金。我們都說他重色輕友，有女朋友

之前天天和我們出去玩，現在人也叫不出來了，一下班就牽著女友的手，慢悠悠的走回家。

這樣看來，七先生還滿幸福的，可有些東西，旁人看到的永遠是表象。

事情發生在他們交往的五十天後，那是他們兩人第一次去旅行。早上七先生先起床後，看到女友在熟睡，就不忍心叫醒她，而她的手機剛好在那時震動了——有人發給了她一則微信。

七先生說他那天敵不過好奇心，就這樣拿起手機，看見那則不該看的訊息：「寶貝，妳起床了嗎？」

儘管當時有點生氣，但七先生還是選擇相信自己的女友，也沒有問她。只是回來的路上，他始終心事重重的，他女朋友問他怎麼了，他都搖頭，說自己沒事。

後來，七先生發現女友從不在她的社群動態裡公開他們的戀情，不管在哪裡，都沒有提到他是她的男朋友。這下七先生慌了，他問女友：「不對啊，我們剛交往的時候，我就把妳帶給兄弟姐妹認識了，妳怎麼都沒有把我引薦給妳的閨密過啊？」

女友捋了捋髮梢，笑著說：「你要知道，我對戀愛還是很看重的，我想等我們關係穩定一點再公開。」七先生因為很愛她，所以相信了她的話。

再後來，他女友就像變了一個人似的，每次七先生傳訊息給她，她經常四、五個小時後才回，打電話給她也不接。七先生問她原因，她總推說她沒聽到鈴聲。

七先生說到這裡，又喝了一口酒，鬱悶的看著我說：「她這擺明是故意不回，還說沒聽到……就算沒聽到，看到了不會立刻回電嗎？我可是一個晚上，就打了二十通電話給她。」

大概**人都是這麼奇怪**，**那個人越不理你**，**你越會希望對方理你**，進而放低姿態，說：「理我一下好不好？」而對方早就在心裡默默回答了：「不好。」

毋庸置疑，在七先生女友資訊不回、電話不接、人找不到的分手預告裡，七先生失戀了。很久之後，他頓悟了，於是發了一則動態：「有些分手預謀已久，有些戀愛說走就走。」

他們分手之後，七先生沒有刪掉前女友的微信好友。但令他吃驚的是，他前女友在和他分手後的第二天，就和一個帥哥，還有一個他沒見過的女孩一起去新加坡旅遊。後來他才知道那女孩就是前女友的閨密。至於那男生，當然是前女友的新男朋友……她找新男友的速度可真夠快的。

他又想起那則無意間瞥見的微信，或許這一切都是騙局，女孩和他交往的時候，就一直和其他男人保持曖昧的關係；又或許她本來就有男友，只是正好和他吵架的時候七先生出現了，等他們和好，七先生這個備胎自然沒什麼用處了。

七先生不想知道事情的真相到底為何，這一次他被傷得很深。

我看得出來，他有多無奈……一個想找個人安安穩穩的在一起的暖男，卻總是在愛情的世界裡跌跌撞撞。

有時候真想找個人好好在一起、長久的在一起，可現實總是那麼不盡如人意。她早就不喜歡你了，只是你不願相信；你自欺欺人，相信她那些讓你難過的言行舉動，都是有原因的，其實原因只是她不愛你了；或許一開始，她就沒打算用心對待這份感情，等新鮮感一過，她自然不願為之努力——**有些分手蓄謀已久，只是你沒有儘早發**

現罷了。

我見過很多不同類型的分手方式。有的隔著螢幕說再見，然後把彼此加入黑名單；有的一方在電話裡話還沒說完，就被另一方無情掛斷；有的分手很被動，正好一方撞見另一方和第三者在一起，就順勢分手了；有的分手很暴躁，雙方相互拉扯，鬧得雞飛狗跳；有的分手無聲無息，彼此沉默，到了最後就莫名其妙失去對方。

儘管上述分手方式不盡相同，但都稱不上好，就像在諷刺過去交往時甜蜜快樂的經歷。

真正好的戀愛方式是什麼？是愛的時候，彼此真誠去愛。即使彼此都很努力了，最後還是不合適，也能好好說再見。至於選擇認真的分手方式，是對往昔戀情的一種尊重，也是對雙方負責。

好好開始，好好結束，感謝這段時間對方的陪伴，並祝福彼此找到更好的人。

愛情是平等的，一如中國現代詩人舒婷在《致橡樹》裡所寫：「我們分擔寒潮、風雷、霹靂；我們共享霧靄、流嵐、虹霓。」如果你們不合適，那就選擇放手，別太執著；如果你們合適，就好好珍惜彼此，好好相愛。

大概所有好的愛情，都有一個好的開始。即使沒有一起走到最後，也要鄭重的和對方說一句再見。這樣做既尊重自己，又尊重他人，也尊重那段不可替代的歲月。這是我認為一個成年人該有的愛情觀，希望你也如此，真誠去愛。

不想成就你蓄謀已久的分手，只想和你愛得天長地久。

10. 怎麼走出失戀？

有一次姐妹們小聚，嬌嬌從頭到尾愁眉苦臉，像有人欠了她五百萬不還似的。我問：「妳怎麼了？」她才說自己可能交了個假男友，既不回她微信，也不打電話給她，連對她最基本的關心問候都少之又少。

「他連我生日都記不住！發紅包從沒超過六．六元！就算他說愛我、想我，可從來沒有任何行動！」

一旁的大蜜兒一聽坐不住了，滿不在意的說：「那就讓他變成前男友啊！」我們笑著拍她，「妳以為人家嬌嬌像妳，這麼激進啊？」

一個星期後，嬌嬌深夜出現在我們面前，推著兩個行李箱，和我們說：「我分手了。」我們給了她一個擁抱，一路上什麼也沒說，拖著她的行李回家。

原以為脆弱的嬌嬌會因為這次戀情失敗，難受好一陣子，不是偷哭就是不斷發社群動態，我們都做好車輪戰安慰準備了，誰知道這傢伙突然不按牌理出牌。

後來大蜜兒問我：「難道現在失個戀，還能脫胎換骨了？」

可不是嗎？失戀後的嬌嬌，讓我倆眼睛都快從眼眶裡掉出來了——失戀後，她馬不停蹄的工作，丟掉以前所有回憶，然後學烹飪、美妝，每天健康飲食，關注自己每一天體脂的變化。她還把社群動態關了，但早起、晨跑、背英文單字，樣樣不少。

我打趣道：「嬌妹子，妳這是要讓大家都認不出來妳來啊！」

她驕傲的笑著說：「原來以前的自己錯過了這麼多精彩的生活，以前的人生只有他，現在想想，這樣的感情就跟塑膠一樣禁不起風雨。以前啊，我總是唯唯諾諾跟著那個喜歡的人，因為太喜歡他，他說什麼都答應，即使自己不喜歡也滿足他。可現在真的好恨那樣的自己，**為什麼一定要順著別人，變成別人喜歡的樣子呢**？愛情是強者的遊戲，弱者只會越來越弱，真正的愛情必須勢均力敵。」

勢均力敵，才能做回自己。

說起失戀，我有件印象挺深的事，就是有個網友留言給我，問我怎麼走出失戀的。其實當下我看得一頭霧水，要不是她提起，我真忘了自己失戀了——真的，那段時間我好得不得了。每天看美妝部落客的影片學穿搭、化妝、編頭髮……學習各種護膚成分，如何科學美白、健康瘦身，還在小本子上做筆記。

失戀後，我還愛上了烘焙，光是做個戚風蛋糕都夠忙碌一下午。我就這樣從以前什麼都不會，到現在不愛逛麵包店，想吃什麼點心自己做。除此之外，我還愛笑了，再也不是那個整天為愛情愁眉苦臉的女孩。用朋友的話說：「失戀後，整個世界都大了。」享受變好的每一天，不願錯過每分每秒，這種感覺真的會上癮。

我也經歷過那種失去一個人、一段感情，心裡空落落的時期，可讓自己忙起來後，一切都好轉了。

所以後來，看著那些被失戀困住的女孩還在掙扎，等待那個不愛自己的人回心轉意，我就明白了——這世上沒有時光機，就算曾經你們再甜蜜，一個男人也不會無緣無故，回頭再找一個從頭到腳不高興的人。妳唯有努力優秀，他才會拚了命的去追逐妳，而那時，妳是自己的女王，那麼好的妳，他早已配不上。

妳一定要愛自己多一點，哪怕沒人愛妳。

或許女人真正的成長，就是在物質和精神上能自主，並不再過度依賴別人的時候。即使在戀愛中也別忘了獨立，擁有自己的空間、人生和事業，珍惜那些來之不易的友情，這些才是妳一蹶不振時真正的依靠。總有一天妳會明白，愛情不是生命的全部，愛情是兩個足夠好的人才有的賞賜。

如果必須戀愛，也請找一個跟妳**旗鼓相當的人**，你們**相互依戀又彼此獨立**，溫柔纖細帶上鋒芒。而不用心的男人只會拖垮妳，讓妳傷痕累累。妳一個人也能好好吃飯，好好上班，好好生活；妳是找男朋友，不是找個擺設而已。

好的愛情讓人變美、變有錢，可不用心的男朋友只會讓妳又窮又醜還自卑，他會拖垮妳的人生，消除妳所有的自信和快樂。不知道妳為何還拖著他苦苦不放手呢？趕緊放棄這虛假的愛情吧，妳可是人見人愛的小仙女呀！真的別再讓這種男朋友拖垮妳的人生了。

11. 跟前任「分手了，但還是朋友」。這是鬼話

記得有一次，許久未見的雨子哭著打電話給我，說一整個晚上打了二十多通電話給男朋友，後來甚至去他家門口守了好幾小時，她男朋友都不管她，說自己在前任家，他的前女友更需要他照顧。

我說：「真當自己是個皇帝，後宮三千要雨露均沾是吧？」

雨子嘆了口氣，「我真的很愛他，也為他改變了很多，可他卻說比起我，他的前任更需要照顧，說她還是個孩子。所以我有時候會想：獨立真的沒人疼嗎？認真一點就是錯的嗎？什麼時候『自己的事情自己做，不麻煩人』變成了他眼中的『妳看起來不需要男朋友』了？」

我說：「呸！說什麼前任更需要照顧，**前任關他什麼事啊？**而且二十幾歲的成年

人還說自己是孩子，有沒有搞錯？自己的事情自己做，盡量不給人添麻煩本來就是人際交往的基本準則。再說都分手了，憑什麼纏著妳男朋友？更可笑的是，妳男朋友理她不理妳？我看他們啊，一個夠騷一個夠賤，兩人湊一起合適得不得了，妳為這種人傷心真是折壽啊！」雨子被我這番話逗得咯咯笑。

真的，我平生最恨的就是一個男的有了現任，卻仍舊跟前任糾纏不清，還美其名曰：「分手了，可以做朋友。」做什麼朋友啊，而且你做的是哪門子朋友？前任要你幫忙，你就屁顛屁顛過去；前任身體不舒服，你就噓寒問暖還送藥留宿；前任工作不順，你又是安慰又是出主意；你女朋友不開心了，說你不要再跟她聯繫了，你還回過頭來，說女朋友不大器，既沒禮貌又很任性。

你甚至說：「我就只是稍微照顧她，怎麼了嗎？她不像妳那麼獨立啊。我不過是幫助幫助她而已，她還是個孩子嘛！」你的現任女友獨立、堅強、能幹又大方，不需要男朋友；相較之下，前任只能靠你……既然這樣，你怎麼不跟前任一起在垃圾桶裡爆炸？省得出來禍害別人。

也虧你講得出「前任更需要照顧」這種話，不愛就不愛，別再拿這種爛理由折磨你女朋友了。

以前有讀者也跟我說過這樣的事。她說和男友在一起，男友總是玩手機，有次她急了，去看他手機，發現他竟然跟前女友聊得火熱。她當時生氣了，但男友說他們從小一起長大，父母都認識，分手了還是有很多牽連，還說他就只是聊聊天，沒什麼大不了的。

她問我男朋友是不是不愛她。我回答：「妳男朋友要是愛妳，早就不跟前任聯繫了。當著妳的面還跟前任聊天，這不擺明『吃碗內，看碗外』嗎？」

一個愛妳的男人，早就把亂七八糟的關係撇得乾乾淨淨了。我有個朋友就是這樣，有次她玩男朋友手機，剛好男友前任打電話過來。她於是把手機給男友，沒想到男友說：「妳給我幹什麼？妳接啊，說妳是我女朋友，別有事沒事打電話了。」

她一聽，笑道：「行啊你，要我做罪人。」

她男朋友再回：「這樣正好讓妳顯示一下正宮娘娘的權力啊！」反正兩人打打鬧

鬧，從此前任連個間隙都沒得鑽。

所以有個道理真的說對了：**和前任的關係能不能處理好，就看現任男朋友的態度**。是大方坦承讓妳有安全感，還是藏著掩著說妳任性？兩者格局誰的更大，一看就知道。

我特別喜歡我朋友阿鹿說過的一句話，他說：「**沒有放下前任就開始一段戀情，就是對現任的不負責**。」說「前任更需要照顧」就是在為自己的不負責找託詞。拜託了，現在誰才是你女朋友？你不照顧女朋友反而顧及前任？好的前任就該像死了一樣，再也不出現在你的世界。

若他說：「她真的比妳更需要照顧！」妳乾脆說：「那你不如和你的前女友一起原地爆炸？」

萬一他生氣了要分手呢？求之不得，分了正好再找個更好的。興許一覺醒來左邊一個彭于晏，右邊一個胡歌，都對妳說：「早安，寶貝。」

12. 他是曖昧成癮，不是追妳

阿芳之前來找我，說自己很苦惱；為了堅固的革命友誼，我聽她絮叨起來。她說自己碰上了件特尷尬的事。那時候，她還在從事新媒體（按：泛指利用電腦〔計算及資訊處理〕與網路〔傳播及交換〕等新科技，對傳統媒體之形式、內容和類型所產生的質變）工作，工作中，跟作者、編輯接觸得最多，這一來二去，就總有作者主動跟她搭訕。

本來，合作講究禮尚往來，我給你平臺，增加曝光率；你給我文章，我也增加粉絲，如此資源互換，平等交易。

可怪就怪在有個作者還真的把阿芳撩上了，一上線就把自己的電話號碼傳給阿芳，同時附上一串賣萌的貼圖，說想打電話給她聊聊文章。阿芳這人心眼好，哪裡想到人家有所圖，就特別善良的幫助他。

聽到這裡，我急道：「阿芳，妳未免太容易相信一個人了吧。人家給顆糖，妳就巴不得把整顆心都掏了。」

阿芳嘆了口氣說：「這還不夠呢，往後，他總是主動撩我，說我人好、善良、大方，還說是真心想跟我交個朋友，如果帶有目的的接近，就太沒意思了。」我聽完立刻翻了個大白眼，心想真情總是留不住，偏偏演戲得人心。

「他在設圈套給妳呢。」我冷不防的說。

但也難怪阿芳暈船了。以往生活如一潭死水，平靜得驚不起一絲波紋，這時有個人突然闖入，驚起水花，是最可怕的啊。更何況你們有共同話題，處在同一個圈子。

白天時你們互不搭理，任誰也不知道你們的關係；可背地裡，你們不為人知的敞開心房，每一個夜晚，就像等待照時刻表進站的列車，妳準時守候在網路上，與他一齊上車。默契啊，就這樣心照不宣的培養出來，說起來，還有點不明來由的小曖昧、小心動呢。

在貧乏又無趣的生活中，誰會抗拒這樣甜蜜誘人的調味料呢？我不會，妳不會，大家都不會。

他說：「阿芳，能跟妳說說話，我都不那麼累了。」

他說：「阿芳，妳認識某某編輯嗎？給我名片吧。」

他說：「阿芳，來找我吧，我們一起去旅行。」

他們從文章聊到生活，從工作聊到愛好。如果真像他說的那樣，阿芳應該動情又享受，怎麼也不會惆悵啊。可有句話這麼說：「人心隔肚皮，世事也難料。」

那是幾個月後的事了，雖沒明說，阿芳還是從社群動態看出了端倪。誰叫他們都在同一個圈子裡，況且大家都是明眼人，一有風吹草動，敏感到連自己都害怕，不然怎麼總能發現別人沒發現的東西？

這也巧合，那也巧合。但世上哪有那麼多巧合？紙終究包不住火呀！他最後還是跟別人在一起了。

那天阿芳對我說：「他女朋友可有名了，是當紅寫手。我不是要比，可是，我怎麼就無緣無故被丟進垃圾桶了？」

難過嗎？生氣嗎？不過人家又沒給妳什麼承諾，也沒說喜歡妳，更沒硬拉著妳表明要和妳在一起。他只是曖昧成癮，妳卻暈了船；他只是喜歡撩妳，又不是喜歡妳。妳說他撩一半就走了，但這能怪誰呢？他撩一半撩到了真愛，當然棄妳而去啊。

後來阿芳說：「他口中的旅行，真像個笑話，他沒跟我去，而是跟他的新女友去了。更可笑的是，我直到發現她在社群動態裡放閃，才確信他們在一起了。喵，妳知道嗎？有人告訴我，原來他同時撩了好幾個。」阿芳下意識的咬了咬嘴唇。

見她心裡空落落的難過，我很想安慰她，卻不知道要說什麼。只怪不是棋逢對手，他太渣，妳太真，**錯把圈套當真情**。

想起來，我也曾經很喜歡、很喜歡一個男生。

那時高中，他留著自然塌垂的劉海，笑起來沒有心計，而且愛踢球，總是拉起褲管露出好看的小腿，真是強烈刺激我的少女心。

由於我們不同班，每次，我只能小心翼翼假裝經過他身旁，雖目不斜視，卻又恨不得把餘光都留給他，心裡如打鼓般咚咚直響，彷彿下一秒就要撐破心臟。

那時的世界很小，要認識一個人很簡單。然後，我們認識了。

他說：「喵，我們去吃晚飯吧。」、「我們去逛書店吧。」、「我們翹課去打遊戲吧。」我從不拒絕。

他說：「妳今天髮夾真好看。」、「妳最近指甲很漂亮。」、「妳傻乎乎的樣子，也挺可愛的。」、「妳呆呆的樣子，讓我忍不住想抱走。」

我們好像情侶又好像不是，當朋友問：「你們兩個在一起啦？」我也只能表示我不知道……直到他有了女朋友。

這個嬌氣的女孩子找上我，把我推到牆角，張口直言：「妳幹什麼老纏著別人的男朋友？真討厭！」明明是一份真誠的心意，竟換來一頓惡言相對。

是啊，他說了那麼多，卻唯獨沒說：「我喜歡妳」、「我想和妳在一起」、「我想做妳男朋友」。這樣，就代表他不喜歡妳；這樣，就代表他不在乎妳——女孩啊，妳真傻。**他喜歡撩妳，並不等於喜歡妳**。

曖昧，是最傷人的遊戲。妳以為他只在乎妳，只對妳噓寒問暖，只對妳關愛有加，但一切都是「妳以為」而已。他啊，只要時不時撩撥妳那顆真摯又熱忱的心，讓妳充滿期待、小鹿亂撞，就可以讓妳心甘情願為他做任何事。

而妳呢，還覺得幫了他很開心，覺得他積極認真，因此對他的好感度快速上升，並把彼此友情升級、情比金堅的戲碼，在心中預演了千千萬萬遍。可是啊，這個世界，什麼都是障眼法，妳看到的未必真實，真實的妳又看不到，就算看到了也只是冰山一角。

他撩妳，沒理由只撩妳；他關心妳，沒理由只關心妳啊。

妳說：「明明是他先撩我，到最後捨不得的反而是我。」聽起來好像委屈得無從開口，可是，**他從沒說過要和妳交往，妳卻在心裡說了千千萬萬遍「我願意」**。

要撩的是對方，不撩的也是對方，從始至終，妳的一片真心都餵了狗。而這世間最可恥也可憐的，是那些不講清楚的人，明明帶有目的，嘴上卻說談談心、談談情，就這樣一步步走向妳，像蛀蟲一般在妳心上狠狠啃噬，把妳最後的防線撕咬殆盡。

路遙知馬力，日久見人心。而最初，誰不是懷抱一腔熱忱去相信呢？

妳難過的，不是他沒選擇妳，亦不是他撩到一半就跑，是他連承認的勇氣都沒有；是他費盡心機卻裝作真誠以待；是他毫髮無損到全身而退。他設下這些圈套，去蹧蹋妳的真心，還要在最後對妳說：「其實我們可以做朋友。」那一刻，妳的心是冰涼的。

直到多久以後，妳才會明白，他若是喜歡妳，一定會告訴妳呢？他如果喜歡妳，一定會繞著妳打轉，想盡辦法吸引妳，更恨不得時時刻刻關心妳，又怎麼會對妳不管不顧、不理不睬？

說到底，是妳付出太多心意。女人，往往執著又感性，像海鷗捕食一樣，一埋頭扎下去，全然不顧生死。而現在還能做的，是**及時止損**。

阿芳後來說，當她編著他女友的文章，看他們大秀恩愛的時候，心裡已經不那麼在乎了。這也好，至少讓她認清了一個渣男的本質。

男人啊，請你們真誠一點，要設圈套，也一次只對一個女孩。
女人啊，多保留一點心思，別在一開始就把他說的話全部當真。
那顆壞掉的牙齒，拔掉就好；**那份壞掉的感情，不要也罷**。畢竟這個世界就是真真假假、假假真真，我們多少得縫縫補補，走走停停——他是真的喜歡撩妳，也是真的不喜歡妳。

13. 分手是為了停損，而我們只記得受傷

我收到過一位匿名讀者的來信，她說自己和相戀九年的男友分手了。她與男友在大學裡相識，他們像所有大學情侶一樣，享受著自己的青春。畢業後，他們一起去了南方，讀者男友的老家在北方，初入社會時，他們就是彼此的依靠，即使兩人都拿著微薄的薪水，但只要擁有彼此，日子再苦也是幸福的。

苦過三年，他們的生活終於有所好轉。但不知道是不是因為人總會變，所以感情也跟著改變；當時，男方和他的初戀女友聊上了，女方發現後就跟他吵，結果男方一氣之下提出分手，然後回到自己老家。

他們就這樣真的分開了，女生用了將近一年的時間才治好情傷，後來和男生成了朋友。過了一段時間，男生似乎又對女生產生興趣，便回到南方想和女生復合；女生

本來不想繼續了，可感情的事誰說得清呢？遇見了就是生命的劫數。

在男生的努力說服下，他們和好了。那年年初，他們打算買房，只是這後來的一切都和鄉土劇一樣，先是兩人湊錢付了十萬元的頭期款，沒想到他們準備結婚時，男友卻猶豫萬分，找各種藉口推託，甚至說家裡人一定要他回去。她百思不得其解，這件事情於是鬧了幾個月。

此外，之前買房簽的是她的名字，後來每月房貸他們無力解決，男友竟又以分手相逼，使得那時的她萬念俱灰。最後，男友還是走了，臨走前還一一列出這幾年的交通費、生活開銷、房子頭期款等**他曾出過的錢，要女生還給他**。頓時，她覺得內心荒涼，真是分手見人品！

後來她才知道，男友找的所有藉口，都是為了要回老家和初戀女友結婚。她覺得自己完完全全被騙了，不想再相信愛情。

我不知道她之後過得怎麼樣、有沒有妥善處理這件事情、有沒有解開自己的心結，只是我後來再想起這個女生的經歷，內心仍唏噓不已。

這場感情耗費了她九年的時間，一個女人一生能有幾個九年？在最美好的年紀，她卻碰上這種事情，而她所受的情感傷害亦得不到法律的維護；那些因為遇人不淑所受過的傷，只能自己消化，實在可悲，可嘆，可惜，可憐。

年紀越大，我越相信，遇見一個人是講機緣、靠運氣的。可也是因為遇見許多人，我才有了分辨「真心」和「假意」的能力。

我身邊遇到美好愛情的朋友很多，他們**大部分的戀情給人安定祥和的感覺**，不會像那些酸澀的戀情，終日浸泡苦水。我很少聽到他們的抱怨和爭吵，只看到情侶之間的甜蜜和快樂，那種幸福的感覺是不說一句話，都能感受到愉悅。

我認識的很多情侶，男人都是在用盡全力去愛他的女人。

朋友臨產的時候，在醫院生孩子生了一天一夜，順產的時候只開了四指。從把她推進病房開始，她的丈夫就寸步不離，直到聽到驚為天人的嬰兒啼哭聲，他懸了一夜的心才踏實下來。

之後我問她身體還好嗎，有沒有產後憂鬱？她說沒有，只覺得自己很幸福，認為今生遇見丈夫是自己修來的福氣。

她的丈夫是個不會說浪漫話的人，每當她買鮮花回家的時候，他總會說她浪費錢，買了無用的東西。可他卻會提前訂花，在情人節討她歡心。此外，她不會做飯，丈夫說：「妳不用進廚房，想吃什麼，我做給妳吃。」她喜歡玩偶，丈夫就把他們的房間裝飾得像個小公主的臥室。

他們之間的戀愛小甜事還有很多，而他們的感情浸透在生活裡的點點滴滴，讓我十分動容。因為他們，我又相信愛情是美好的，相信好的婚姻不會是愛情的墳墓。

男人愛不愛妳，就看他如何對妳。他對妳越在意、越呵護、越看重，越是處處為妳想，越會無法自拔的深愛妳。而一個男人自私，從不顧及妳的感受，冷落、傷害妳，甚至用言語刺激妳、用行動排擠妳，這怎麼能證明他愛妳呢？

這樣的男人並不愛妳，只是在享受妳對他的付出和愛。他一點都不懂得**愛情是需要彼此你來我往的付出**，是相濡以沫、相守相伴。

這時候妳要做的，是去找一個值得妳愛的人來愛。

女孩，不是所有付出都有回報，所以不要一口氣埋頭扎進去，把自己的心給了一個不值得的人。趁早離開那些不懂愛、不會愛、玩弄愛情的人吧，妳一定要遇見值得自己愛的人，才放手去愛啊！

時光總是如流水般匆匆流過，對於女人尤其苛刻；都知容顏易老，怎可把大好時光花在一段讓妳千瘡百孔、沒有未來的愛情裡呢？

我曾寫過，妳的伴侶就是妳人生層次的體現，就如張靜初所言：「妳是什麼人，就會遇見什麼人。」別總嘆息自己遇人不淑，很多時候，妳只是身邊的人都不是妳想要的層次，那麼**妳能做的唯有提升自我**。縱使每一段愛情都不一樣，但妳可以**從每一段感情中獲得營養**，那便是妳最大的成長。

正如同所有的成功來之不易，愛情的甜蜜果實也是踩著那些痛苦的經歷拾級而上，這樣才能將好的愛情收入囊中。**我們一遍遍舔舐傷口，又一遍遍勇敢的在這個世界橫衝直撞**，那些過往受過的傷，都會成為日後珍貴的養分，讓妳茁壯成長。

這一輩子，找個好人在一起吧，我希望妳能得到幸福。

14. 我真的不想再想你了

有一段時間，我有好幾天沒吃到肉了。

我記得，以前沒肉吃是因為那時候辭掉工作，公眾號又接近一個月接不到廣告，所以吃不起。那時的我恨不得把一元錢掰成兩元錢用，出門搭公車時，若能坐一元的普通車，堅決不坐兩元的空調車，就算有時候空調沒開，但它還是兩元。

有一段時間沒吃到肉，是因為在的地方總是沒有肉，即使有也不衛生；只見老闆在油膩的工作臺上切肉賣給顧客，油膩的男人、黝黑的女人竟在肉邊無神的同時望向我。我總是假裝沒看見，隨後就走開了。

沒有肉的日子，都會讓我想起以前和他在一起吃肉的日子。雖然我們大都吃豬肉、牛肉，但其實我最喜歡雞肉，還要炒著薑片吃，只要想想那個味道，我就嘴饞。

他特別喜歡狗，所以從不吃狗肉，有時看到菜市場裡有人賣狗肉也會特別難過，回家就會跟我說：「我今天看到一隻狗被殺了，真希望這個世界沒有吃狗肉的人。」那個時候我會抱抱他，可我也沒辦法要別人不再吃狗肉。

跟他分開後很久，我都覺得他還在我身邊。

我跟朋友說，我不知道我們之間哪裡出了問題，但就是無法繼續在一起，即使我們很多方面都很合適。

我總是細心記著他的喜好，知道他的好多怪癖，也知道他沒睡醒的時候會特別迷糊，而且刷牙喜歡用抗過敏的牙膏，因為他牙齒不好。他容易拉肚子，所以總是帶著胃藥，這一點跟我的前前男友很像。他喜歡穿僅有黑白的衣服，臉上有太陽晒過的小晒斑。他是單眼皮，有點下垂眼，可是看上去很溫和。

大部分的時候他都很難生氣，總是十分溫柔。反觀我自己，和他在一起時就會變得任性，我也不知道我為什麼不講理，可女生就是這樣，越在乎就越容易展現任性的一面，也越沒有安全感。

例如他十分鐘不回我微信，我就覺得他生氣了；他二十分鐘不回我，我就覺得他是故意的；他要是一整晚都沒有回我，我就覺得他一定發生意外了。

直到第二天，我問朋友：「他昨晚都沒回我微信，我要不要打個電話？」朋友說：「不用啊，為什麼要？」我答：「我憋不住啊，我想找他。」但當朋友說：「那妳打吧。」我又說：「算了，我憋著，我要等他找我。」

看看，女生就是這樣，想找你又憋著，裝作不在乎；儘管說服自己不主動找你，但想著想著又開始糾結，最後依舊會去找你。

糾結半小時後，我還是打電話給他了。他還沒睡醒，傻乎乎的接了，說：「昨晚不是妳要我早點睡嗎？我就睡了。」我立刻回應：「那你是秒睡啊，晚安都不回我了，到了早上也不起來，你是豬嗎？」說是這樣說，但那時我心裡可高興了——他沒有生氣、沒有故意不理我，只是忘了回我，忘了早點起來跟我說「我昨晚睡著啦」。他跟我說過話之後，我那一天心情就好了很多。

洗澡的時候我會想他，想我們分開後，他會不會繼續用他喜歡的那款沐浴乳。逛超市的時候我也會想他，看到他喜歡吃的白葡萄和好多魚（按：海洋生物形狀的餅乾），我就想：「他現在還愛我嗎？」然後想到每次出門，我說我想吃原味洋芋片，他會不動聲色的去買。

他知道我不能吃很多辣椒，所以在知道我去了貴州之後一臉驚訝，問我：「那邊食物不合妳胃口，妳去幹什麼？」我沒告訴他，我去那邊當山區志願美術教師了；我沒告訴他，我想到山裡、到看不到他的地方，好好生活一場；我也沒告訴他，我還是很想他。

他聲音很好聽，有一股江南柔軟的氣息。他總是垂著眼睛，用單純善良的眼神，一眼望到底的看著我。他喜歡細心的女生，不過我粗枝大葉；他喜歡溫和的妹子，可我有時候真的很尖銳；他喜歡溫暖的女孩，但我不夠溫暖。

不過我還是很喜歡他，為他改掉過很多缺點，比如暴躁、敏感、想太多等。我很喜歡他，很想珍惜他，可後來我們越來越遠、越來越遠。

看電視的時候，我在想，我不能再想他了；玩手機的時候，我在想，我要忍住不去找他；上完課，一個人默默走回寢室的時候，我盡量不讓自己想他，就連吃飯、睡覺，我都不要想他了；寫文章的時候，我告訴自己這是最後一次想他了，我真的不想再想他。

和一個人在一起久了，身上就沾染上那個人的習慣。很久以前，我以為我會和他走很遠、很遠；很久以後，我才知道，所謂一起走很遠的想法，其實會**瞬間瓦解**。

我們都不是對方生命裡那個不可或缺的人，我們都很努力的為彼此改變過，但也許月老的紅線在我們睡著時，和我們擦肩而過了。

以前我和他一起旅遊時，買過一對小烏龜，石頭雕刻的，我很喜歡，我們一人一個。只是後來某一天，我的那一個被我不小心丟掉了。他隨後淡淡的說：「可能我們有緣無分吧。」那時候我們的手牽在一起，卻慢慢變得有點涼。

他又說：「天黑了，有點冷，回家吧。」我點了點頭……也只能點點頭，無話可說。因為天真的黑了。

第四章

委屈了的妳，怎樣可以光芒萬丈

那個人還沒出現，但等他遇上妳的過程中，
妳做自己的樣子真的很美。

1. 喜歡一個人，妳會卑微到什麼程度？

有一次，結束了一天的工作，我打開電腦逛豆瓣時，看到一個帖子。樓主是個女孩，說喜歡的人超過一星期沒聯繫她，問大家要怎樣才能忍住不用微信傳訊息給他。不知怎麼的，看到這個帖子的時候，我心裡很不好受。

翻著網頁上長長的留言，很多陌生又熱心的網友替她出主意：「讓自己忙起來，忙起來就不會去想了。」、「我也有個喜歡的人，但不要主動去找，喜歡妳的人自然會來找妳。」、「妳可以等待，但給自己一個期限。」、「刪掉吧，如果他在乎妳就不會這樣。」

其中也有比較心酸的評論：「不要留下和他的對話框，那是妳卑微的祈求。不要幫他按讚，更不要看他的社群動態。」

有人建議：修改微信備註，改成「我的朋友」這樣毫無溝通欲望的奇怪文字。還有人說：別再折磨自己了，妳為他這樣他看不到，他不是不找妳，只是在別人那裡，他比妳更卑微。

妳愛他，他愛她。

我在社群動態裡看過一個問題：「**妳曾因為喜歡一個人，卑微到什麼程度？**」

有人這樣回答：

從不主動交流的我，每天都找他聊天。每說一句話，都要斟酌半天；每打一段字，都看上好幾遍。

知道他喜歡短髮女生，我剪掉了及腰的長髮；後來才發現，其實是他喜歡的那個女生剛好短髮。

無論他做過什麼讓我生氣的事，最後都是我道歉。

我用盡一切對他好，他卻對別人好。

他為了逗其他女生笑，說我胖、我醜。我還要跟著笑，不敢對他生氣。他寂寞、難過、傷心時來找我，我卻怎麼也不會拒絕……。

那些話一句句刺到心裡，讓我發現，原來無論我們怎麼堅強、怎麼讓生活忙碌，那些最真實、最動心的感情，還是會像潮水般湧上心頭，只是那麼一瞬間，所有的堅強都無足輕重。

想起曾經，朋友在我面前痛哭流淚，她眼睛紅腫、聲音倔強，拚命讓自己不去喜歡那個不在乎亦不喜歡她的人。但她也不想分手，只是哭著挽留也沒有用。

我看著她又哭又不讓自己哭的樣子，感到心疼不已。

當妳心裡有個人的時候，會變得特別脆弱。妳難過時，希望他安慰妳；妳失落時，希望他來找妳；妳不開心時，希望他能逗妳開心。可他不會真的這麼做，因為妳不是他在乎和想取悅的人。

讀者跟我分享過一個故事。她說她心裡有個喜歡的人很久了，對方對她說不上喜歡、也說不上不喜歡，大概是想聊就聊，不聊了也從不主動找話題。

我說：「那就是不喜歡吧，**至少不夠喜歡**。」她說她懂，一個連在微信上都不願意為妳花時間的人，他心裡能有多在乎妳呢？也許自己只是他寂寞時的調味料。

我回覆她：「道理妳都懂、都知道，可妳就是做不到，既做不到不去想他，也不願就這樣放下。因為妳知道，只要妳真的放下了，你們就沒有任何聯繫，真的就沒有一點可能了。」她被我說到語塞。

很久以前我總以為，有些人、有些事會在記憶裡盤桓很久。直到時間真的過了、日子回不去了，我才發覺，原來所謂的情深義重、痛徹心扉，也不過爾爾。

我們曾經拚命想記住、想擁抱、想愛的那個人，不想失去、不想放棄、不願放開手的那個人，不過是在那個時候，從內心噴薄而出的一種強烈渴望。而**越是得不到就越不甘心放手的執念，削弱了喜歡**。

如何忍住不跟喜歡的人說話？

其實沒有忍不住，說穿了妳就是喜歡，也總是會去找，就像悲喜劇英文小說《羅莉塔》（*Lolita*）裡說的：「人有三樣東西無法隱瞞：咳嗽、窮困和愛，你越想隱瞞就越欲蓋彌彰。」

這時唯一的辦法，是對自己狠下心，讓自己不再那麼看重和喜歡對方。即使妳掙扎、痛苦，心裡眷戀他，也得不到回應。妳明白他不夠喜歡妳，至於這些答案，也早就走進妳心裡。

別給自己後路，不要再去期待了，又不是遇見了這個人，今生今世都不會再遇見別人。不聯繫，慢慢放下，這些感情就淡了。

別再和喜歡的人聊微信了，他要是不喜歡妳，你們聊多少天、做多少事都沒用。其實，真正在乎妳的人，又怎麼只會在微信裡找妳，或透過電話和妳說說話呢？他會穿越這個世間洶湧的人群，一一走過他們，如此懷著滿腔的熱忱、帶著沉甸甸的愛，走向妳，抓緊妳。

下次別再那麼一發不可收拾的愛上一個不在乎妳的人了。一定要是妳非常喜歡，而且也非常喜歡妳的人，才值得妳去為愛付出。放下那個不喜歡妳的人吧，其實不跟

一個人聯繫十分容易，不看見，即不想。

把一切交給時間，沒有希望，不再考慮。當一切回到原點，沒有人能影響妳的情緒……把那個人戒掉吧！

2. 當夢想成為生活的一部分……你受得了嗎？

我總會想去追求一些真相。

不管是隻言片語，還是內心動盪、表面平靜——窗外淅淅瀝瀝下著雨，我坐在窗邊，開著風扇，寫下這些話。也不知道從什麼時候開始，我安靜得像一株植物，可以一言不發的走在人群裡，卻不能停止思考，也停不下手中的筆。

我慢慢的變得很平靜，不怎麼說話，可眼睛一直在看，仔細的看，而腦子一樣在想，深刻的想。

我總會記得二〇一四年聖誕節，我在漫天大雪裡走過北京後海（按：北京市西城區湖泊景點）的巷子，有淺唱低吟的民謠酒吧，也有低調謙遜的搖滾樂手。是不是每個在小酒館唱著民謠但尚未出頭的人，心裡都有夢想，想著如果哪一天出名了呢？要是哪一天他們走進了大眾眼中，就算成功了吧？

夢想這個詞總是和一些悲苦放在一起，才更顯其沉重。

二〇一四年的時候，我在廣州看過街頭拉琴的老人，他白髮蒼蒼，眼神裡有愛慕、有溫柔。他拉著約翰．帕海貝爾（Johann Pachelbel）的〈D大調卡農〉（*Canon in D Major*），於喧囂的街頭上，再行色匆匆的路人都忍不住去張望，只因他的琴聲實在太動情。

就像老夏和脆鵝的故事，當脆鵝在老夏彌留之際說會好好照顧自己、眼淚唰的流出時，他們流露出的都是平淡生活裡的溫情。（按：老夏和脆鵝是臺灣一對老夫老妻，因孫女將兩人互動影片上傳到網路上而爆紅。爺爺名叫夏偉，故稱老夏；奶奶名為陳翠娥，戲稱脆鵝。前者已於二〇一七年離世。）有時候生活就是如此，也許只是擁有了一點點的顏色，就變得盎然。

旅行的那幾個月，我一直沒好好梳理，直到歲月將要沉澱，才有了些許感悟。

因為一直訂民宿，所以我遇見了很多房東，其中有個帶給我極深的印象。雖然我沒見過她，卻可以想像到她是一個怎麼樣的人。

她把房子改造成極簡的北歐風，相當成熟精緻。她去過很多地方，又曾以背包客身分，到印度、緬甸、泰國旅行，之後又在英國待了半年。我不知道她是做什麼工作的，但這些旅行的痕跡，我能從她客廳的菸酒、香薰、蠟燭裡看出來——她一定有很多故事，又或者把所有故事藏起來，讓自己變成一個沒有故事的人。

我會想像她一個人抽著薄荷菸，在夜色裡沉吟往日舊夢。她可能愛過很多人，很多人也愛她，但她或許在等一個能夠許下終身的對象；也可能她只是想抽一支菸，而這樣的她已足夠撩人、足夠嫵媚。

那時候，我的心裡很是羨慕。她可能擁有一份自由、具有無限可能的工作，而且精通數國語言，深入體會過那些國家的風土人情，再把自己的老房子改造成民宿，接待每一個陌生的旅客。如此這般的經歷，我也想擁有。

某天我看了一篇文章，寫的是愛旅行和不旅行的女孩有什麼差別：愛旅行的女孩，尤其是獨自旅行的，能看到更多風景。她們所到之處，皆有感受；所遇之人，皆會擁有一段不可多得的緣分；所做之事，也必會成為一段美好而有意義的回憶。

以後妳還可以想想，曾經有過那麼一段時光、過上那麼一段日子、見過那些再也不會有的風景，是件多好的事。生命就這樣因為見多識廣，而漸漸有了底色和層次。

很長一段時間裡，我選擇獨自旅行，存夠了錢就出發。那陣子我拚命工作，同時還寫公眾號文章，不僅在旅途中的巴士上寫、在路邊寫，更在飛機快要起飛前寫。

我以為只有我這樣，直到跟同在寫作的朋友聊起，才發現他們亦是如此。為了旅行提前寫好文章、在火車上打字，是他們的家常便飯，而且他們永遠在尋找有 Wi-Fi 的地方，不管發生什麼事，都把寫文章放在第一位。

大家心裡都有夢想啊！大家都**在除了工作和生活之外的領域不斷折騰，逼自己做很多事**。他們不斷逼著自己，真的就這麼逼成了習慣。

和偏偏聊天的時候，她說我自律，可是我每天都要頹喪一下，動不動就失去能量。所以當她說我自律的時候，我真是感動到哭。她還說我無論是在旅行還是之前的工作狀態，都認真寫作從未放棄。

我想了想，發覺自己可能不知道從什麼時候開始，沒辦法割捨掉寫作這東西了吧。它不再是一個遙不可及的夢想，相反的，變成了我生活的一部分，也是我努力奮鬥的事業。

有那麼一句話：「**夢想夢著夢著，就照進了現實。**」寫作大概就是我沮喪時看到的光，是最讓我感到溫暖的存在，因為我終於把從小以來想做的事，變成了生活的一部分。

其實我也很迷茫，和很多二十來歲的人一樣迷茫；其實我同樣不知所措，不知道現在的選擇對以後人生有什麼影響；其實我同樣還在為自己想要的生活努力，而我也一樣，沒有活得那麼美好。

是啊，沒有活得那麼美好……**並不是所有有夢想的人都能實現自己的夢想**，也並不是實現後，就真的變成了自己想要的樣子。

長大後，我才發現生活不過是打開一扇又一扇的門，走完一條又一條的路，走完一條路就留下一個標記，走不通了就打開另一扇門，換一條路，似乎永遠沒有盡頭。一如有些夢想，註定不會實現，可我們從不後悔那些曾為它傾注全部心力的歲月。那樣的青春和年華一生只有一次，那樣的時光和景色足夠珍藏一生，永不後悔！

人就是這樣，再辛苦、再難挨，也會奮力撐下去。說活不下去的人，並不會真的去死，因為我們都太貪戀這一生了。

馮唐（按：原名張海鵬，為中國詩人、作家、醫師、商人、古器物愛好者，亦是二〇一三年第八屆中國作家富豪榜上作家）在作品《可遇不可求的事》中提到，這世上有四件可遇不可求的事：「夏代有工的玉，後海有樹的院子，此時此刻的雲，二十來歲的你。」

還有什麼比珍惜現在更好的時光，還來得重要呢？

3. 男生做出什麼表現說明他不愛妳

逛微博的時候，我看到一個話題：「男生做出什麼表現說明他不愛妳？」底下討論得如火如荼，好幾則留言都直戳心臟：

「如果妳不確定他喜不喜歡妳，那他就是不喜歡妳。」

「妳不找他，他就不會找妳。」

「聊天永遠都是妳主動開頭，最後妳結尾。」

媽呀，看完簡直被暴擊一萬次。妳委屈得不得了，想著：「可我真的好喜歡他，喜歡到無法自拔，他就不能喜歡我一點點嗎？」當然不能，又不是在菜市場買菜，還可以討價還價。

愛情從來不是乞討與施捨，不是種花得花，更不是付出了時間及精力，就能換來那個人的全部注意和愛。很多時候，在愛情裡，那個先愛上對方的人，一定得承受更多——因為**喜歡一個人，就賦予了他傷害妳的權力**。

我想起一個朋友，蔣蔣。她是我大學同學蚊子的女朋友……雖說是女朋友，但又有點奇怪。蚊子總是對她愛理不理的，不回她訊息、不接她電話已成常態，就算蚊子和我們出去吃飯、喝酒，也不會叫上她；有時他們甚至半個月也見不到幾次面，蚊子又總是搞失蹤。

某一天，當蔣蔣跟個門神似的杵在教室門口，我們所有人都驚呆了。一見到蚊子，她便不管不顧的衝進教室，連老師都被她弄得一愣一愣的。由於這次事件，大家都知道蚊子有個黏人的女朋友。

後來蚊子說，那天中午他什麼也沒吃，看蔣蔣哭得撕心裂肺，說自己那麼對她，她難受啊！換作是我，和男朋友處成這樣，我也會天天梨花帶雨，眼睛裡滿是溼潤的亞熱帶雨林氣候。

我問蚊子：「你幹麼不喜歡人家，還霸占著一個好女孩？這豈不是占著茅坑不拉屎嗎？」

想不到蚊子有氣無力的回答：「我也不想啊，她都纏著我四、五年了，無論我做什麼，她都要跟我在一起。我不理她，她就奪命連環 call；我不找她，她就想盡辦法來找我。」這下輪到我不解了。

蚊子說，他們是青梅竹馬，小時候兩家人指過娃娃親（按：男女雙方在年幼時由父母訂下的親事，而此類婚姻是沒有保證的），可他一直把蔣蔣視為妹妹。

其實他曾經很努力的想要接受她，因為蔣蔣對他實在太好，好到失去自我。例如她會送他自己親手做的圍巾手套；抄讀書筆記抄到半夜，然後送給他；每天和他道早安、晚安；在他失落時，不斷安慰他，幫他打氣；記錄他說過的每一句特別的話……他感動，也曾想要接受她的愛，可是不行啊！

蚊子問我：「妳和真心沒感覺的人在一起，會不會心累啊？」我回：「廢話啊，當然累！」

那天，蔣蔣又找不到蚊子了，於是打電話給我：「喵，妳知道蚊子在哪嗎？」

「啊，不知道。」我打哈哈，然後她就在電話裡小聲哭了出來。

其實我很理解蔣蔣的感受：愛一個人固然無法克制，但愛上一個不愛自己的人，就只能是場悲劇，如同在機場等不到妳要坐的那艘船，在那個地方也等不到載妳的那輛車。

他不愛妳，即使妳妝容美好、溫柔體貼、款款動人……他就是看不到。妳送他的糖是不甜的，妳給他的牛奶也不會香醇。妳隔三差五問他「在幹什麼」或者「在哪裡」，這些訊息在他看來，和售屋簡訊、購物網站群發的訊息性質一樣。妳為他花那麼多小心思，他即使不感到厭煩，也不會做出任何回應，就好像妳花光了所有力氣，都得不到他一個心動的眼神。

如果說暗戀是一個人的兵荒馬亂，那麼單戀就是兩個人的無聲片場。可是，妳那麼愛他，然後呢？

我安慰蔣蔣：「妳是個好女孩，我也知道妳喜歡蚊子，不過妳也應該想想蚊子為什麼會一直躲妳。不怕妳嫌我說話直接，但妳覺得你們真的適合嗎？這就是妳想要的愛情嗎？彼此折磨，彼此牽絆……明知道蚊子沒那麼喜歡妳，又為何拚了命的作踐自己呢？」

蔣蔣頓時止住哭聲，靜默了。話筒裡那麼幾十秒的間隔，卻比一個世紀還漫長。過了一會兒，蔣蔣說道：「親愛的，我知道妳把我當朋友。至於妳說的，我也懂，但我就是很喜歡他，不能沒有他……。」

「蔣蔣，妳聽我的話，去找一個真正懂妳的人吧。妳很好，錯的不是妳，所以別等他了，他要是愛妳，一定會來找妳。」愛就在一起，不愛就放過自己。

當我掛掉蔣蔣的電話，室友的手機剛好傳來莫文蔚的〈他不愛我〉：「他不愛妳，**說話的時候不認真，沉默的時候又太用心**。」

女孩，真的別等了，愛妳的人一定會來找妳；哪怕要搭摩的（按：即摩托車的士〔計程車〕，是以改裝型摩托車作為出租營運的工具車）、搭飛機，甚至翻山越嶺、飄洋過海、天上落刀子，都義無反顧，只要他想跟妳在一起。他會買十八個小時的硬座火車票，只為了向妳解釋那些誤會；他會記得你們在一起所有有意義的日子，只為了告訴妳，他很在乎妳；他會把妳安排在他的未來裡，因為他想要他的未來裡頭，有他愛的妳。

信有一首歌叫〈死了都要愛〉，這首歌也說明：對於兩個相愛的人來說，時間、距離都不是問題，問題只有「你們夠不夠愛」。

我始終相信，愛妳的人一定會繼續愛妳。無論他愛過多少人，「他愛妳」，是他心裡怎麼抗拒也否定不了的事情。但如果他不愛妳，就算妳感動天、感動地，或是大哭、自殘、天天替他洗衣做飯、日日說早安、夜夜道晚安……讓他知道妳的好，可是對不起，他一樣不愛妳。**不愛妳，就會對妳做的一切視若無睹**；不愛妳，就不會考慮妳的任何感受；不愛妳，即使妳要走了，他也絕不會說出半句挽留妳的話。

有人痛哭流涕的問：「我對他這麼好，他怎麼一點都不領情？真是狠心啊！」答案終究只有一個——因為他對妳沒感覺啊！妳對他發信號，可惜他跟妳處在不同的頻率上，怎麼樣都收不到；妳逆向操作，耍賴、任性、不知輕重，他照樣不喜歡妳；妳傷心欲絕，他也不會慈悲安慰。

都說一個蘿蔔一個坑，他就是不喜歡妳，能有什麼辦法？

感動不是愛，領情不是愛，可憐妳更不是愛。若他看不見妳所有的愛，那麼在妳眼前，他只是個睜眼的瞎子。「愛妳」不需要理由，「不愛妳」更沒有任何理由。

其實他不愛妳，又有什麼關係？命裡有時當珍惜，命裡無時莫強求。他不愛妳，妳還有明媚的自己。每一個女孩都是獨一無二的，每一個女孩都美得無可替代，沒有必要為不愛妳的他變得黯淡和蒼涼。

失戀不可怕，分手就放下，生活終歸還是自己的，未來還在手裡閃閃發光。好好的愛自己，一定會有一個人穿過暴風驟雨去擁抱妳，去點亮妳內心最炙熱的感情，去珍惜妳今生前所未有的好——他會愛妳，勝過生命。

那個人一定會出現，妳要相信愛，也要相信自己有人愛。雖然有時候，等待的時間有點長，也許他恰好卡在半路，遲到了那麼一下子，但他一定會來。

他愛妳，就一定會來找妳。

4. 一個人活著的意義是——

我常想，天上一顆一顆的星星，就是地上一個一個的人。它們或明或暗，或遠或近，或大或小，高高懸掛在天幕，構成了我們這個時代的星空，而那些星星也照耀著我灰暗平凡的人生。

——著名專欄作家、南京作家協會副主席申賦漁，出自散文集《一個一個人》

時隔三年，在那個午後，我沒來由的想起一襲素衫、高高鼻梁上架著眼鏡的老陸，那副銀邊眼鏡背後犀利深邃的大眼睛，也在我的腦海裡變得越加深刻。

當時，我在人群中一眼就認出他，帶著一種難以言說的鎮靜。

八月，我背起行囊獨自北上，遊走江城，數日後又隻身前往南京。那年的南京，在記憶中充滿無盡活力、綠樹參天，且時值青年奧運，故所到之處皆是金髮褐瞳的奧運健兒。

人群中，我隨著老陸的腳步起起伏伏。他很瘦，手指關節高突、有力，行走的時候，一前一後帶著沉甸甸的重量。

人潮裡，他回頭看我，問：「想吃什麼？」

我轉了轉眼珠，說道：「要不粵菜吧？」他一臉疑惑，但隨即又笑了。於是我在南京的第一餐吃了一籠蝦餃、一碟南瓜燉百合、一盆白灼菜心（按：白灼為突出粵菜清淡的烹調技法之一，以煮滾的水或湯，將生的食物燙熟。常用來處理海鮮，故一般白灼所用的水中都需要薑、蔥、紹酒、草果等去腥）、燒鵝半隻，沒酒。

我後來才知道，老陸請我吃飯的錢，都是自己掙來的。他週末幫學生補習英語，一次兩小時。

吃過飯，我們一起上地鐵，有一搭沒一搭的亂聊。說到未來計畫，他眨眨眼，問我想不想去他學校。我說好，名校我當然要去感受。於是我們就去了南京大學。

南大學術氛圍極其濃烈，坐在草坪上，我問他畢業後的打算。他望著遠方，像是喃喃自語：「留在學校，先考研究所，再考博士班，理想是當上大學教授。」

我問：「為什麼？」

他邊搖頭邊說道：「外面太險惡，還是學校最安全。」

當他問我想做什麼，我說：「考公務員啊！」他一聽，眼珠子都快瞪出來了，意思非常明顯：妳這小丫頭要考公務員？開玩笑的吧？

我不服氣的說：「我差點就考上了，要是不出意外，現在八成已經到山城裡了，哪會坐在這裡跟你聊天？」他又笑。那一年的我，執拗得像長在牆角倔強的草。

坐了一會兒，他看了看錶後起身，逆著光說：「該幫學生上課了，一起去吧。」

我點點頭，「老師，你也幫我惡補一下吧，我的英語爛成渣。」作為一個學渣，我從小就嚮往各種學霸。所以當老陸幫一個頑皮男孩補習的時候，我覺得他超帥，果然男人認真的模樣，都帥得突破天際。

男孩狐疑的看著我，然後機靈的一轉眼睛。老陸一秒之內便反應過來，搭著他的肩說：「哥兒們，你想歪了，這是陸老師的朋友。」男孩就陰陽怪氣的「哦」了聲，故作明白。

之後我在一旁的會議室裡看書，隔著玻璃板，聽到老陸非常仔細的解答學生的題目。課程結束之際，我看老陸收拾書包，神態疲憊，便問：「陸老師，你累不累？」

他隨即坐下來，特別正經的告訴我：「有些孩子天性頑劣，但妳要想啊，既然學校老師諄諄教導他不聽，那我不如跟他稱兄道弟，他才覺得我親切。這孩子其實很聰明，就是玩心太重，最一開始教他可吃力了，他什麼都不聽，只會拿著父母的錢猛花。妳別看他現在這樣，進步算大的了。」

我聽得頭頭是道，連聲稱讚：「你真適合當老師，我都被你說服了。」他就笑著說：「走吧，吃晚飯去。」

在路邊他接了通電話，掛了電話之後問我：「一起去喝酒吃燒烤？」

「好啊，一起走吧！」於是我跟著他走街串巷，來到滿是燒烤店的一條街。伴著熱辣的夏天，昏黃燈光裡油頭紅面的師傅烤著串燒，好一派人間煙火。

甫進門，老陸就幫我介紹了對桌的兩名壯實男人，說這是他的政治老師，旁邊坐著的是科技館（按：科學技術館，是以展覽教育為主要功能的公益性科普教育機構）的一個朋友。

「唷，小女孩從哪裡來的？」前一個男人抽著菸，瞇著眼輕柔的問。

「湖南。」

「好地方啊，老陸的朋友？」

「是的，旅遊來晃晃。」

「南京好玩嗎？去了哪裡？」

「南京大學，明天要去爬中山陵、逛南京總統府。」

「計畫不錯，想吃什麼？」那男人說著對外邊的師傅吆喝一聲：「嘿，老闆，再來五串雞腿、十串腰子。」

老陸今日好像特別疲憊，說他想要先睡一會兒，就躺在燒烤店的板凳上補眠。閉眼之前，他還對我說：「別被他們的漫無邊際嚇到了。」我當即心領神會，心想哪這麼容易？

原先和我對話的那個男人一看，悠哉的說：「昨天晚上肯定喝多了，身體吃不消。」又轉頭問我要不要喝酒，我爽快答應：「喝唄。」於是，那接下來幾小時，我就與兩名先前還渾然陌生的中年男子對坐喝酒。

男人抽著手裡的南京香菸，一嘴奶油味的對我說：「姑娘，妳這年紀剛剛好，青春最美的時候。」接著又話鋒一轉，說到自個班上有個黑龍江女孩跟自己關係特別好，至於是哪種好……我只看見他臉上不經意的一抹微笑。

那天談了什麼，我後來一點也不記得了，只知道老陸一躺下就跟斷氣似的一動也不動，我則是喝了瓶酒、吃了幾根串燒，差點被他們兩人的話弄迷糊了。臨走時，我拉起老陸說：「送我唄。」他才恍惚著抬起頭，坐起來，要我等他一會兒。

後來，我們走在夜色裡，我問：「你昨晚到底喝了多少？幾點睡的？」他就朝我比劃，我又問：「你平常都這樣嗎？」

他說：「有時候，想事情。」

「想什麼呢？」

「人生和哲學問題。」

「好了好了，我身為理科生真的要被你的政治老師搞暈了，跟我聊了一整晚的哲學和人類發展，我現在頭特別痛。」

他笑著說：「我本來就研究心理學的呀，妳又不是不知道。」

「那你怎麼跟政治老師湊一起喝酒的？」

「其實我們也不算熟。那時我還在念書，偶爾會向他討教問題，一來二去就變成了酒友，時不時約吃燒烤。」

「陸老師，跟你做朋友好難啊。我年紀小，閱歷淺薄。」

「那不正好？哪像我跟個老油條似的，交的朋友都比我大。」老陸比我大三歲。

那晚分別過後，隔天老陸身體不適，一直昏昏欲睡，我索性自己遊了南京，去先鋒書店買一本中國作家葉兆言的散文集《舊影秦淮》，並在那兒寄了張明信片。之後我又去了玄武湖看鐵人三項，又見玄武湖岸垂柳飄飄，我的心很平靜。我就這樣坐了一陣子，然後起身前往秦淮河。

拍照的時候，一個陌生女人闖進我的世界，請我幫她個忙：「姑娘，幫我照張相吧。」於是我對著陽光朝她笑，說：「一，二，三。」同時拍了照片。

那天人特別多，陽光熱辣，我在街口買了根南京老冰棒；這冰棒湖南也有，叫長沙老冰棒。最初我以為味道不一樣，結果都是糖水味，好在冰涼解渴。後來逛到橋頭，果然是江南水鄉，樓臺水榭、紅綢羅帳，仿若一名溫婉女子訴說著往日無盡的情懷。那時的我望著這一樓一景、一樹一河，內心澄靜。

一個人旅行，看得到的是風景；當人一多，同樣的景色就被歡歌笑語取代。若是想要尋找內心、看透風景，還是一個人好，因為眼中的風景不會被打擾，只有自己如此沉浸。

而後幾日，老陸沒空，我也沒有逛的心思，乾脆前往上海。臨走時，他說：「招待不周，歡迎下次再來。」我笑著說好，心裡卻揣測著下次不知是何時了。

南京到上海挺近的，坐高鐵兩小時就到了。

我去上海住在浩明哥家，他來上海四、五年了，是我媽高中好哥兒們的兒子。他和我一樣，學的都是電腦專業。浩明哥問我：「畢業後打算做什麼？」我說：「反正不是和電腦有關的工作。」他就眉頭高高皺起，一副搞不懂妳們小女孩的模樣。

那天他來接我，穿著一件白色棉T、黑色褲子，背了個小肩包。我跟著他轉了三、四趟地鐵才回家，不禁說：「上海真大啊！」

「那當然，不然怎麼叫大上海？」

「你平時幾點上班？」

「六點多出門吧。」

「那麼早！」我驚得睜大雙眼。

「六點地鐵人就一堆了，得排隊，再晚點就遲到了。上海節奏很快，妳看這大街上，哪有人像我們兩個這樣信步漫遊的。」我瞟了一眼，不置可否。

晚上，我打電話給我的初戀，那時他也在上海，我突然很想見他；結果那傢伙說不見，我就很沒出息的蹲在樓梯間哭了。這一哭，把浩明哥嚇得一愣一愣。他推開門，問我：「姑娘，妳怎麼哭了？不是，妳哭了怎麼還跟妳媽哭啊？害得妳媽又來問我爸，我爸不分青紅皂白就罵我，以為我欺負妳，我可是跳進黃河都洗不清了。姐，求妳別哭了行嗎？妳為什麼哭啊？」

他看我被他弄得哭笑不得，繼而笑得肚子疼，連忙說：「妳還笑啊，哭的應該是我吧！天地良心，我可沒有欺負妳。」我後來還是沒告訴他我為什麼哭。要是我說我初戀不願意見我，讓我急哭了，他鐵定笑死我。

那幾天，浩明哥說想家了，工作差不多也辭了，只是找不到房東，怕對方不肯退押金。我提議直接找員警處理，於是我們出門找最近的派出所，剛好遇上一名摩的司機招呼我們：「上哪去啊？順路唄？」

那時我穿著長筒裙，兩腿開不成八字，只能側坐，我就特別不穩當的坐在中間。一路上很顛簸，我看著後照鏡裡，浩明哥的頭髮被吹成一九八〇年代的中分，司機則露著兩顆白牙笑著，看起來特別好笑。要是再穿過一次隧道，就成了電影裡經常出現的穿越場景了。

等我們興致勃勃的抵達派出所，卻吃了閉門羹，員警根本不管這事，於是我們又灰頭土臉趕回住處，找樓下警衛詢問房東去向，說電話打不通。警衛表示聯繫到了會告訴我們。

後來我們也不找了，索性吃飯去。浩明哥帶我去吃湖南菜，我點了剁椒魚頭和白斬雞，他對我的舉動總是一愣一愣。他說來這邊幾年，附近就這家湖南菜館味道最正統，而人若是在外地啊，都會特別想念家鄉的口味。

吃完飯，我們路過街邊攤販，浩明哥說想再買個炒飯。我問：「哥，你還吃得下啊？」他回我：「晚點打遊戲時就餓了。」

某天早上，我去廚房做早餐，順道一問：「浩明哥，你要不要吃點？」但他只是抽菸，同時劈劈啪啪的打遊戲。待我端著飯坐到他旁邊吃，他就笑著說：「挺香的哦！」我隨即屁顛屁顛的去廚房端飯。

「小姑娘做得挺好吃的啊。」

「必須的啊，我就這個專長了。」吃著吃著，我對浩明哥的女友特別好奇，便問他：「你女朋友呢？」

「走了。」

過了一會兒，換他問我：「妳男朋友呢？」

「分了。」

「那就不是男友了。」

「你女友為什麼走了？」我問。

「跟別人走了，可能……嫌棄我。」他接著發問：「那妳為什麼分啊？」

「我想了想，可能我嫌棄他吧。」

「妳夠了哦。」

「夠了。」

「妳是不是看我現在這樣子特別頹廢？」

我在陽臺踱步，什麼也沒說。後來他不打遊戲了，躺到床上，「其實我這人沒讀什麼書，倒是經歷了好多事，想起自己年輕時就一腔孤勇的往外跑，天不怕地不怕的。現在啊，就覺得遇見的人多了、做過的事多了，突然沒那種勇氣了，也不知道這是不是一種衰老。」

不知怎麼的，我想到了王小波的一段話：「那一天我二十一歲，在我一生的黃金時代。我有好多奢望。我想愛、想吃，還想在一瞬間變成天上半明半暗的雲。後來我才知道，**生活就是個緩慢受錘的過程，人一天天老下去，奢望也一天天消失**，最後變得像挨了錘的牛一樣。」（按：閹割雄性動物時，有種方法是隔著動物的陰囊，用錘子用力擊打動物的睪丸，從而擊碎、破壞，達到去勢的目的，此法名為「錘騸法」；騸音同善。）

我也曾以為自己會一直生氣勃勃下去，後來才發現生命是個緩緩老去的過程，就這麼一年又一年。有時候回頭想想，時間還真可怕，走過了，又留給我們什麼？

房東最後還是打電話來了，那是在我離開的幾天後。

待在浩明哥那裡的最後幾天，也不知怎麼了，我對浩明哥發了火，兩個人吃烤魚吃得火氣朝天。結果我不好意思，留了字條說抱歉後，翌日就走了。後來浩明哥跟我媽說，他可能語氣不好；我媽則說是我不懂事請他見諒，還說照顧了我這麼久，真是麻煩他了。

很久以後我才知道，他爸又跟我媽說，是浩明哥沒照顧好我，要怪就怪那小子。因為我的執拗、涉世未深、莽撞、不成熟，讓兩家人來收拾殘局，時至今日，我才發現自己處理得有多糟糕。

年輕時的我們心比天高，驕傲的看輕所有一切，直到時光老去、歲月打磨，隨著那顆心豐盈了，我們也漸漸什麼都明白了——明事理，大概就是這樣的過程。

後來，我跟浩明哥很少聯繫了。聽說他回家鄉後又去了惠州，跟著他叔叔轉行做醫藥工作，那時的我則跑到了杭州。

一年後，我去上海見我的兒時玩伴阿歡，她研究所畢業後在上海實習。那天我還特別發了一則社群動態。

浩明哥問：「妳在上海？」

我說：「沒，現在回杭州了，馬上要去廣州。」

他說：「我在上海。」

我嚇了一跳。後來我回家，我媽告訴我，浩明哥又回去了，又要做老本行，結果薪水少了一半，不過入了股，後面應該會好起來。這事乍聽想不通，不過其實也想得通，畢竟人總是這樣兜兜轉轉。

對於自己這一年在廣州，他在上海；而那一年我在杭州，他倒是在惠州，我不禁感慨起來：怎麼總有一種翻山越嶺、歷經千山萬水的感覺？才發覺，這一別，很多人都很久沒見了。

那一年接近年底，我又辭職了，依然留在廣州。我不知道老陸有沒有考上博士班，但記得有一次他打電話給我，我突然緊張得說不出話。那一年冬天，我寄給他臘肉和豬血丸子，並且手寫了一份食譜，差點再附上一罐剁辣椒。

這一想來，時光匆匆。他說我現在寫文章已經很熟練了，當時還覺得我是個小女孩，現在就獨當一面了。

我又問：「老陸你的對象呢？」

他說：「朋友老是想幫我介紹，有時礙著情面去見了，卻沒什麼特別的感覺。」

我聽完一笑。也不知道後來怎樣了，我們已經很久沒說話了。

有一年，中國電影導演賈樟柯來長沙的時候，我去看了點映（按：一般是在電影首映之前和正式放映之前，只給小部分觀眾或者明星及其他商家觀看的放映方式），當時賈導帶著主角來到現場，我便錄了一段他說的話——「拍《山河故人》是想拍時間；時間對一個人、對一群人，產生潛移默化的變化。」時代、山河、故人重逢、物是人非的悲愴，在在顯示了，**人類敵不過時間**。

後來我把濤（我那時的同事，蘇州人）叫出來，對她說：「濤，很久以後我可能也不在妳身邊了。」我不知道濤之後有沒有看《山河故人》，因為這部電影的女主角也叫濤。

一看電影中的濤對兒子說：「每個人都只能陪你走一段路，遲早是要分開的。」我突然覺得時光很殘忍，在我漸漸明白的時候，才知道世界很龐大，可也很孤獨。**所**

有的人，到最後都可能會離去。

某天，我坐在客廳裡，自己把電影《後會無期》又看了一遍；當時我爸在看書，貓咪蜷縮在他身邊。我仔仔細細的看了一遍，一秒也沒快進，這讓我想到在電影院觀看此部電影的那年夏天，我始終坐在座位上，直到電影散場，直到上了黑幕，直到朴樹開始唱電影主題曲〈平凡之路〉，直到電影院的燈光亮起……。

直到我從幻想的世界回到現實；直到我開始相信，我也會成為天上的一顆星；直到我多年以後流浪，走南闖北，我的心才漸漸清醒，明白了**一個人活著的意義**──那就是「**抵抗歲月的孤獨**」。

人這輩子歡笑、痛苦、執著、喜悅、傷害、原諒……一切都會被時間撫平，而能與之共處的，是去接受、去不辜負。

去見你想見的人吧，趁還活著；去做你想做的事吧，趁還年輕。

就任性那麼一次吧。

5. 約會──尤其初次──一定要吃飯

「氣死我了！」一天中午，顏顏剛打電話過來，就在宣洩她的憤怒。我那時本來睡得迷迷糊糊，一聽到她的聲音便瞬間清醒。「妳說說我圖什麼呢？大熱天的，我汗溼得像個跳進水裡的餃子，這樣出門相親，容易嗎？」

「太不容易了。」我看了一眼窗外的烈日，打了個呵欠。

「是啊！大齡怎麼了？大齡就得跳過談戀愛，直接結婚生小孩嗎？」

「誰規定談戀愛是小女孩的事啊？」這話我可不愛聽。突然間，我有了興致，連忙問顏顏：「大小姐，說吧，什麼事這麼激動？」

「還不是約了一星期都沒空，這週才約到的相親對象。哎唷，一個大男人真讓我不知道該說什麼才好！他嫌棄路邊小店髒亂，我帶他去義大利餐廳，結果他拿著菜單左翻右看，連服務生都等到不耐煩了，直接把我們晾在一邊，沒想到他最後竟然說：『沒什麼好吃的，來壺花茶吧，再加一小碟木耳。』當下服務生那種想拿菜刀砍人的表情，把我盯得後背直發涼……最重要的是，點木耳就算了，他還一直說沒有自家做的好吃。」

講到這裡，我眼前彷彿出現了一個不斷翻白眼的顏顏。

「那人剛開始聊天就問我：做什麼工作？有沒有本地戶口？接不接受以後和公婆一起住？妳知道我笑容可掬，忍了他多久嗎？第一次見面，不僅不能好好吃飯，還像查戶口一樣不斷提出各種問題，是一見面就要結婚嗎？我什麼時候答應要嫁給他了啊？這奇葩，真是要把我氣死了！」

「顏顏，恭喜妳在相親路上越挫越勇，打開了新世界的大門。」我一時沒忍住，笑出了聲。

天下之大無奇不有，有些人、有些事，沒有妳見不到的，只有妳想不到的。

不過顏顏這次相親經歷，倒是提醒了我：兩個人在談戀愛之前，一定得吃吃飯、聊聊天，不然連吃飯都不投機了，還聊什麼天、談什麼愛啊！

想起以前讀書的時候，原本不熟悉的兩個人，就是靠吃飯來增進感情的。**吃飯時，人的狀態最放鬆，也最容易敞開心扉**。

只聽食堂裡，鍋碗瓢盆齊聲協奏、談笑聲不絕於耳，就著那人間煙火，不消四、五十分鐘，雙方也大概能確定彼此的性格是否合拍，有沒有進一步發展的可能。一頓飯，表面上看來是滿足自己的胃，實則利用這段時間去更了解對方。

如果菜沒上齊，兩人各自低頭擺弄手機，又或者兩人聊天卻有一搭沒一搭，始終保持「你問我答，你不問我也不回了」的模式，這樣的吃飯方式，在喧鬧環境的襯托下，自然令人渾身不自在。旁人把酒言歡，而妳面對的，卻是並無太多興趣與妳交流的陌生人，大概嚼著再合胃口的菜，心情都會鬱鬱寡歡吧？

妳盡量保持從容，吃完那頓飯；臨走前，禮貌性的微笑著向對方說：「那就這樣啦，下次見。」一轉身旋即掏出手機，刪掉了對方所有的聯繫方式，接著抿嘴一笑，感慨道：「原來，飯不投機，也會半句多。」

幾年前，我交往過一個男友。

他啊，小時候把父母給的早餐錢都省下來買玩具，經常餓一頓飽一頓，結果時間一長，把自己的胃搞壞了，從此腸胃變得很脆弱，一不小心就會鬧肚子。對於醋這類酸性調味品，他光是聞著胃就泛酸，唯恐避之不及。

可我腸胃好啊，我喜歡醋淡淡的酸味，既能促進消化，又能把菜的鮮味提得恰到好處。「酸甜苦辣鹹」，「酸」在首，我認為味覺衝擊最大；有時候我甚至覺得，人生也如同這五味一樣，缺一不可。

有一次，我和他一起吃飯，我想吃醋溜馬鈴薯絲，他說那點唄。

我問：「你能吃嗎？」

他搖搖頭，說：「妳喜歡，妳吃就好，我可以吃別的。」那一刻，我的心裡怎麼也不是滋味。雖然知道他腸胃不適，不能碰過酸的食物，可那種一起吃飯卻變成一個人吃的心情，就好像你身邊有個親愛的人，卻不能同你分享一道美味，竟有些莫名的失落。

我不是不愛他啊，他也不是不愛我。只是，我不能和他幸福的嚥下那些同樣的飯菜，最後圓滿消化，打著飽嗝，心滿意足的說：「今天的菜真好吃啊。」情侶間不就希望同步嗎？可他感受不到我那種吃到喜歡的食物，所獲得的簡單快樂。這些**生活裡的小落差，慢慢的成了**我們日後彼此難受的**大地雷**。

年輕時，我看過一個故事，描述女主角和一個男生戀愛；前者對辣椒過敏，吃辣後全身發癢，後者則不能碰海蝦。偏偏他們彼此的過敏原，都是各自生活裡的最愛。說來真讓人心有不甘又難以抉擇。

有一次，女生和男生吃飯，男生點剁椒魚頭，吃得熱汗淋漓，大呼過癮。女生也吃了，回家後即使服下抗過敏的小藥片，還是不得不去醫院吊點滴。而男生對這一切都毫不知情。

後來，女生感到累了，因為他們口味不一，她卻總在勉強自己。曾經，她以為愛一個人可以為他付出和改變，其實，這一切都是徒勞——嘴會說謊，身體不會；臉會假笑，心不會。妳可以欺騙任何人，唯獨騙不了自己。

沒辦法一起享用各種餐點的戀人，遲早會在「吃」上出問題，即使看來完整，卻存在了肉眼不易察覺的細密裂痕，就像那原本看上去光滑剔透的水杯，盛滿水後，竟一點一點從杯底漏出。有時候，眼睛一時看不到的，不代表不存在。

由李安執導的電影《飲食男女》，很好的詮釋了世間之人，不過「飲食男女」四字。凡是人的生命，或許都離不開兩件大事，即飲食和男女。這也難怪有「食色，性也」的說法了，因為飲食和欲望本來就是人的天性。

看電影的時候，有個場景讓我印象很深：小女兒和她喜歡的人在路邊吃飯，雖然環境並不高雅，菜餚也與老父親做的相去甚遠，她還是吃得很開心。那種開心，是因為自己感到自在。

她一邊吃一邊說：「真正的愛情是和關心妳的人在一起。這個人能讓妳表達內心感受，妳在他面前可以自由自在的談任何事情。」

也許，我們更在乎的並不是吃什麼，而是和什麼人一起吃啊！一起吃飯的那個人對了，一份蛋炒飯都會變得有滋有味；若人不對，就算是五星級豪華晚宴、魚翅燕窩，也可能味同嚼蠟。我愛你，即使泡麵加蛋也樂意，只因為是你。

談戀愛，還是得找口味一致的人，這樣感情才能長久。這就好比……路邊攤遇到烤肉串、吃香遇到喝辣、油條就著豆漿，不管怎樣都很搭。喜歡麻辣，就一起在紅油辣椒裡翻滾；喜歡甜食，就一起在奶油起司裡融化；喜歡酸爽，就一起在舌尖攪拌裡沉醉吧！**人終歸要找到興趣相投、彼此合意的同伴**。

三毛說：「愛情只有落實到穿衣、吃飯、數錢、睡覺，這些實實在在的小事上，才可以長久。」如果兩個人連飯都沒辦法一起享用了，還談什麼戀愛呢？感情，終歸要落到生活裡，而生活不過是「一房、二人、三餐、四季」。

他曾來自山川湖海，如今，囿於晝夜、廚房與愛。若妳問我：「找個能和妳一起吃飯、聊天的人到底有多重要？」我只能說：「人生苦短，不如及時行樂。」

6. 喜歡妳不需要理由，不喜歡妳更不需要理由

菜菜子回國了。她在機場朝我笑，我知道，她是真的放棄了，畢竟喜歡了那麼久的人，都追到國外了也未能如願。

菜菜子從高中就喜歡考拉，考拉要學外語，菜菜子就跟著報名補習班來準備考試。大學他們持續相處四年，關係超過朋友卻戀人未滿；這兩個人，一個裝傻，一個打死不說，就這樣維護著感情。畢業後，考拉出國留學，菜菜子也在父母百般勸阻下申請了學校，一定要跟著考拉去。

說實在的，菜菜子要不是家裡有經濟條件給她耗，可能她不用出國，就提前醒悟了。可喜歡一個人就是這樣，誰也攔不住、勸不了，天下刀子也要衝出去找自己愛的人——**喜歡一個人，是這世上最難控制的事**。

有些人的感情三天兩頭就讓人失落，困惑連連。他喜歡我嗎？不喜歡我嗎？他發了社群動態卻沒回我微信；他幫我按了讚卻沒再找我說話；他消失三天了，回我那麼慢，話也那麼少；不喜歡我，為什麼要撩我？不喜歡我，卻讓我牽掛。

要怎樣才算喜歡？妳不要問、不要聽人說、不要只用眼睛看，他喜不喜歡妳，妳自己知道。

他喜歡妳，會找妳，翻山越嶺算什麼？人山人海又怎樣？他喜歡妳，會想妳，不僅吃飯時想妳、睡覺前想妳、走路時牽掛妳，且睡醒和妳說的第一句話就是「愛妳」；他喜歡妳，會寵妳，妳喜歡什麼他就買來，妳要他看電影就看，就是這樣喜歡妳，任妳撒野，把妳寵壞。

他不喜歡妳，會對全世界有空，唯獨對妳很忙。微信不會找妳，電話不打給妳，QQ永遠沉默；除此之外，和妳的對話框不會置頂，也沒有特別標記和備註，社群動態更是不按讚、不留言、不關注。你們之間，一刪好友即是永別。誰叫你我本無緣，全靠我一人死撐到底。

有一次跟朋友聊天，他是個挺陽光的男孩。我問他：「你要走了？不是在那個城市還有喜歡的人嗎？」他笑著說：「可她不喜歡我啊。」

我也很喜歡過一個人，喜歡到現在想起，心裡還有痕跡。當時我每天為他熬夜流淚，也等不來他的關心問候，總是一邊洗澡一邊哭，不知道自己哪裡做錯了，他就是不喜歡我。

後來我問朋友靈兒：「他為什麼不喜歡我？」

靈兒說：「他不喜歡妳，也許不喜歡妳的長相、妳的身材、妳說話的聲音、妳的性格、妳給他的感覺，甚至沒有什麼理由，只是和妳對不上眼。但不管怎樣，所有拒絕妳的原因都有一個共同點，就是『他不喜歡妳』，自然不想和妳在一起。」

有什麼理由比「不喜歡」來得更好、更直接嗎？**不喜歡就是不喜歡，沒感覺就是沒感覺**。說起來，「不喜歡」就像下了死咒，根本毫無解決辦法。

放手吧，他不喜歡妳！

不是妳瘦了、變好看了，他就會接受和喜歡妳了，他也不會因為妳年輕或有錢就喜歡妳。喜歡妳的人，即使妳微胖、不打扮、不年輕，他也喜歡妳，就想和妳在一起；不管妳怎樣，他都認定妳。

愛情是自私的，真正喜歡妳的人，怎麼會把妳拱手讓人？

而一段感情最怕拖著，無論喜歡還是不喜歡，最好都趁早說清楚。愛就在一起，不愛就放手，別搞得太複雜。

女孩，回去好好洗個澡、梳個頭、打扮好自己，總有一天，妳會遇見愛妳的人。他會看妳看過的風景，走妳走過的路，愛妳獨一無二的靈魂，珍惜這個全世界再好不過的妳。

妳曾那麼喜歡他，以後多愛妳自己。

7. 聊天紀錄能體現愛，但只有聊天紀錄……

有位讀者深夜傳了四十二則微信給我，還有幾大段她與一個男人的聊天紀錄。我看了差不多五分鐘吧，看完就覺得，這女孩真的付出了真心，完了也晚了。

怎麼回事呢？就是她暑假打工時，認識了一個男生；男生起先一直找她聊天，後來他們熟了，就要到了她的微信。這個男生恰好長得又是女生喜歡的樣子，如此一拍即合，兩人看對了眼，之後就每天透過微信聊天。

一開始，男生真的很主動，經常傳訊息給她，其中不乏「早安」、「晚安」、「吃飯了嗎？」、「睡覺了嗎？被子記得蓋好」、「我想妳了，妳在做什麼呀？」這類訊息，他甚至說過：「我有點喜歡妳啊，妳要不要做我女朋友？」

女生最初還沒有投入那麼多感情，就說：「彼此都不了解，哪來的喜歡呢？你是不是在撩很多女生？」

結果男生說：「不是啊，我就和妳一個人聊。妳看我都主動向妳要微信、主動找妳說話了，不是喜歡妳是什麼？」弄得女生不知道怎麼接話。

那是她第一次接觸感情。

後來男生每天都找她聊天並且噓寒問暖，漸漸的，女生就對他產生了依賴，喜歡上跟他聊天的感覺。見男生一直表達愛慕之情，卻從未做過什麼，女生的室友就說：「哎呀，妳是不是傻了？他說喜歡妳，可他做了什麼啊？妳就那麼喜歡他了？」女生也心知肚明，不過她還是陷進去了。

慢慢的，暑假很快過去，他們也都辭職了。臨走時，男生吻了女生，說：「我喜歡妳。」這可是女生的初吻啊，而這個男生的初夜估計早就沒了。

於是，兩人開始遠距離戀愛。

遠距離第一天，男生不再傳「晚安」給女生。第二天、第三天，他總是訊息回得很慢，而且十分敷衍。一個禮拜後，男生不接女生的電話了，也很少回她簡訊，永遠在忙。

至於女生，微信消息卻傳得越來越多，要是一天找不到對方，就瘋狂的打電話給他。可男生只是回她：「工作忙，不方便接電話。」最後女生問他：「是不是想分手了？」結果男生吃驚得要命，反問她：「妳什麼時候是我女朋友了？」

她傳訊息給我的時候非常著急，不斷問我：「男生怎麼能這樣，撩上了一個女生就走？現在的喜歡就那麼廉價嗎？」

說真的，這絕對不是我第一次看到女孩子提出這樣的困惑了。之前也有個女孩說自己喜歡上了一個人，本來剛開始也是不喜歡，對他沒有感覺；可這個男生每天都跟她聊天，無比關心她，讓她感到莫大的安慰。

原本以為再過不久他們就能打破曖昧，升級為情侶，展開一段甜蜜的愛情——女孩一直在等男生對自己表白，男生卻在這時候改變態度，對她冷了下來。

她傳微信給他，他不回；她打電話給她，打不通。他卻更新了社群動態，會幫她按讚，但不評論，也不主動和她說話，像陌生人一樣。她每天傳十則訊息給他，對方充其量回個表情。

慢慢的，女孩實在感受到了折磨和壓力，便鼓起勇氣傳手機簡訊給男生：「我想我真的有點喜歡你了」，隨即按掉手機。十分鐘後，沒有回覆；二十分鐘後，沒有聲響；半小時後，有訊息但不是他傳的；一小時後，他回了。

男生是這樣說的：「如果找妳聊天讓妳誤會我喜歡妳，那真的很抱歉。我現在有喜歡的人，妳不是我喜歡的類型，祝妳幸福。」

什麼？每天和女生道早安、晚安，甚至「寶寶、親愛的」叫著；除了感冒送藥以外，總是噓寒問暖，要女生多喝熱水，而且每天和女生聊到半夜；結果你現在說你不喜歡這個女生？你在耍我嗎？

碰到上面說的這些情況，可真夠氣人的啊！瞎子都能看出兩個人的關係不是普通朋友那麼簡單，卻硬是被男生掰成了女生自作多情。

我不知道大家怎麼看待微信聊天這回事，但說真的，我一點都不喜歡把時間浪費在不喜歡的人身上，也問過身邊很多單身女孩的想法，幾乎沒有人願意和自己不喜歡的人聊天。

不過在這一點上，**有些男生**就完全不同了。他們確實**和自己不喜歡的女生照樣能聊**，還以此證明自己的魅力有多大。撩一個算什麼？同時撩兩、三個都不是問題，常常對一號說我喜歡妳，轉頭又對二號、三號傳同樣的話；反正妳們三個人看不到啊，又不是共同好友。

女孩，他是說「喜歡妳」沒錯，但又不是「只喜歡妳」。而一旦他有了新獵物，不再對妳有興趣，就開始對妳冷暴力、搞失蹤，最後竟然說一句：「我喜歡過妳嗎？讓妳誤會真抱歉啊！」讓妳氣得無話可說。

難過嗎？人家不承認感情啊！「喜歡」對他們而言就是說說而已。所以妳明知道他只是個愛打嘴炮的人，就不要再動什麼真情了。

女孩子真的特別容易付出感情，尤其是那些每天找她聊天的人，因為她們始終相信：言多始於厚愛。

其實，女孩子的愛也很傻氣單純，有時候會非常盲目的喜歡一個人，不是看那個人有多高、多帥、薪水多少……她們啊，是**喜歡上他那個人**了，喜歡對方給自己的感覺，那是一種歸屬和踏實感。想想每天有個人關心、問候自己，還跟妳聊得來，誰不會動心呢？

所以想對男生說，請你們為自己的言行負責，不喜歡她就不要動不動找她說話，不要發「早安晚安／吃了睡了／睏不睏」之類的話，也不要買零食、送禮物給她，更不要問她們週末去哪、過得怎麼樣。你不喜歡她的話，她有沒有睡、吃得好不好、晚上和誰散步……這些關你什麼事？

當然，你要是認真覺得感情就是這麼一回事，玩膩了就拋棄，那我只能祝你以後遇到的，都是會玩弄你的對象。她們就像你對待好女孩一樣對待你，永遠在給你希望之後，又永遠讓你絕望。**別指望傷了好女孩之後，再去擁有自己所謂的愛情**，老天畢竟十分公平。

我也想在最後提醒女生：嘴巴上說喜歡妳的人，不一定真的喜歡妳。更何況用微信打上一句「我喜歡妳」，隔著螢幕的愛情又有多少分量？

喜歡一個人，是要融入生活、真心對待的。中國脫口秀主持人金星曾說過：「如果一個男人心疼妳擠公車，埋怨妳不按時吃飯，一直提醒妳少喝酒傷身體，雨天囑咐妳下班回家注意安全，生病時傳搞笑簡訊哄妳……**請不要理他**。然後跟那個可以開車送妳、生病陪妳、吃飯帶妳、下班接妳的人在一起。**嘴上說得再好，不如幹一件實事**，我們都已經過了耳聽愛情的年紀。」

好好記住這句話吧，畢竟，我們真的都已經過了耳聽愛情的年紀。

8. 前任不能變朋友，起碼幾年內不能

如果有人問我：「什麼是戀愛最難過的事？」我會毫不猶豫的回答：「失戀後留下的陰影。」就算刪除了那個人所有的聯繫方式，不再看他的社群動態，那些曾經在一起的回憶，還是會在很多時候莫名湧上心頭；即使不會刻意想起，卻早已埋在了腦海裡。

所以當姜姜深夜打電話給我，嚎啕大哭著說她忘不了那個人的時候，我忽然感同身受。

有人說過，戀愛的方式千百種，失戀的方式卻一模一樣——難過、傷心、不捨、忍耐，直到釋然，再開始新的生活。這些心情，真的只有愛過的人才懂。

姜姜跟我說，已經兩年了，不是沒有遇到合適的人，是自始至終心裡還有個他。

聽我說她真不死心，她就笑了，說自己真的很喜歡、很喜歡他。我不想潑她冷水，不想說出這句話：「雖然妳很喜歡他，但他還是跟妳分手了。」

記得她和男友剛分手那陣子，她把那串記得爛熟的號碼刪掉了，卻在夜裡無數次默默記起，接著拿起手機，按下號碼，然後再刪掉。她還把他的微信、QQ全部加入黑名單，並清空了兩年來和他相處的所有照片、備忘錄，卻又不自覺的在我面前一直提起。

分手後，曾經的甜蜜都變成往後的負擔——之前的聊天紀錄是傷人最深的情話；一起去過的地方不會再去；提到那個人的名字會難過；就連那些說過的話題、吃過的食物、看過的電影，都不想再提及。

於是姜姜取消了社群對前男友的關注，對話不再置頂，而且沒有加上特別備註，甚至刪除了好友。由於對愛情開始產生懷疑，所以分手後追姜姜的人固然很多，她卻再也不敢往前邁一步，更不想再對誰付出，使得很難再有人走進她的心裡。

她問我：「怎樣才能澈底放下？」

我只是心疼的看看她，說了那句**最沒用也最有用的話：「時間是最好的良藥。」**要多久妳才放得下呢？一年、兩年……時間總會讓妳遺忘。

妳以前寶貝的那個人，他的樣子妳會淡忘，他說過的話妳會忘記，他喜歡的一切妳不會再記起，妳對他也不再有感覺。一如張愛玲說過的：「時間和新歡是最好的方式，如果沒忘，就是時間不夠長，新歡不夠好。」

我以前逛微博時，看過一部影片——「放棄前任的五種方式」：

1. **刪掉他所有聯繫方式**。

既然下決心要忘記一個人，就不要給自己留退路。既然沒辦法不去找他，那就刪掉他所有的聯繫方式，讓自己無法再找到他。

2. **與其難過，不如想著自己如何變優秀**。

每一段戀情都會讓人成長，在那段失敗的戀情裡，妳一定知道了自己的缺點。胖了，就減肥運動；皮膚不好，就多保養；性格不好，就好好反思，做出改變。除此之外，妳以前不愛打扮，就去看時尚雜誌；妳以前不愛運動，就去鍛鍊健身；妳以前不愛讀書，就去讀書學習。

3. 好好賺錢，失戀了還有錢。

想想也對，妳失戀了還有錢，想去哪裡哭就去哪裡哭，要是沒錢的話，就只能抱著啤酒瓶倒在馬路邊。

好好賺錢，找個好工作，男朋友算什麼啊？

4. 記住妳是個小仙女！

有人說，失戀後的時間是最好的增值期，這我深以為然。戀愛時沒時間看的書趕快去看；不敢吃的蛋糕、零食趕快去吃；從沒嘗試過的髮型、風格趕緊去試試；從沒嘗試過的運動快去嘗試，例如衝浪、滑雪、潛水等。像這樣，一個人只要能把自己的日子過充實，怎樣都不會覺得沒勁。

他不是嫌妳醜嗎？妳就去變美，氣死他；他不是嫌妳胖嗎？妳就去變瘦，讓他後悔！何必在乎那個人的眼光？妳要記住妳最美，妳是個小仙女。

5. **把他從心裡刪去，他是誰再也不重要。**

一定要相信時間，相信那些痛苦歲月裡，妳努力讓自己成長的意義，因為**所有的錯過、失戀，都是為了讓妳與更好、更合適的人相遇**。所以抓緊時間變美，下次就不會再錯過。

放棄前任最好的方式是什麼？就是再也不在意、不關心，不管多喜歡都不回頭。總有一天，他的名字不會再讓妳的心有一絲波瀾；總有一天，妳的心裡也會住進另一個人。

別再哭哭啼啼、傷心難過了，比起失戀，沒錢、沒工作更可怕，醜得要命還沒人要的可怕程度也不遑多讓。也別再重蹈覆轍了，真正喜歡妳的人又怎麼會跟妳分手？妳覺得他不喜歡妳，那他就是不喜歡妳。

9. 愛情不能用物質來衡量，但可以清醒

琪琪和銳哥分手的消息剛傳出，那天一早，我們班在微信群裡討論之熱烈，一度讓微信卡死。

我那時正想私訊琪琪，想不到她剛好傳訊息給我：

「喵，我真的要被他氣死了。上個月跟著公司做專案，公司給我分紅，我拿其中兩萬元買了中意許久的 Gucci 緞帶包。當天一下班，我就高高興興的拎著包跟他約會，沒想到他見到我第一句話是：『妳又買了個包？這次花了多少錢？』我聽了很無言。是啊，我是買了個包，不過買包怎麼了？

「等我沒好氣的說兩萬元後，他就杵在原地不走說要直接回家，也不用吃飯、看電影了。之後他一邊走一邊說我敗家，說想不到以前跟他在一起時我都在裝，還說我

這麼揮霍，他以後怎麼跟我一起生活。當下我看著他，覺得他再也不是我喜歡的少年了，而是一個只知道談錢的庸俗男人。於是我說不用了，轉身就走，一路上哭哭停停，妝花了，心也碎了。

「我花兩萬元買個包就是敗家？對他來說可能是吧，畢竟他從沒替我買過兩千元以上的東西。雖然妳說愛情不能用物質來衡量，不過**有時候，物質的差距卻能讓愛情清醒**。」

琪琪的話讓我想到以前一個同事。同事說她有個室友，也是工作很賣力、會賺錢的女孩，還沒畢業就賺到了能買房的頭期款。

當時那個室友交了個男朋友，她對男朋友非常好，替他買的衣服從不低於兩千元。她自己也用 SK-II，說「有能力買得起，為什麼不用更好的？年輕就要捨得」。有一次，她花了四千元買兩張演唱會門票，結果男友對她劈頭蓋臉一頓罵：「這麼揮霍幹什麼？還買這麼沒用的東西！」

別提同事說起這事有多氣了，連我們也聽得瞪大雙眼。憑什麼請他看演唱會，還要被說這種話啊？

後來還有更刺激的。室友不是會賺錢嘛，男友直接限制她每個月的花費，說什麼賺的錢要留下來一起買房子——我的天，這男朋友真厲害啊！不但要女朋友賺錢給你花，還得幫你買個房、養個家？根本欠分手。

同事說：「呵呵，我室友就說分手，結果這男的還要她付分手費！這男的說自己幫我室友買過一件八百元的衣服、兩支ＹＳＬ（Yves Saint Laurent，伊夫・聖羅蘭，法國著名奢侈品牌）的口紅，然後電影票和飯錢就ＡＡ制……還沒等那男的說完，我室友就挑起高跟鞋，氣場十足的說：『拜託，你現在身上穿的一件就三千元，還有鞋子，隨便一雙不用錢的？要不你也都還給我，我還能賣個二手。就你這樣，兩百塊我都不給，這房子也是老娘的，別站著礙眼了，趁早滾蛋吧！』」

同事描述得繪聲繪影，讓我笑得人仰馬翻。同事還說那ＹＳＬ是假的，兩支才一百八十元，她室友礙著男友面子沒說呢，男的還在那兒說嘴。

看看，**女人有錢就是不一樣，自己買自己想要的**，還能把那些垃圾男友堵得一句話都說不出來。噢，真是太爽了！所以親愛的，妳一定要有錢。

沒替妳買過兩千元以上的東西，卻嫌棄妳花兩萬元買包是浪費的男人；或是沒幫妳買過像樣的包包，卻覺得收妳買的衣服、鞋子理所當然，還要妳存錢買房的男人，不管哪種，都不能要。

而且我們女人在乎的真的是錢嗎？不，我們在乎的是態度，是你們對我們的珍視程度。兩千元的衣服又怎樣，只要我喜歡你就買給你。四千元的演唱會門票又怎樣，那是我喜歡的歌手，陪我一起看演唱會不好嗎？

我買個兩萬元的包你不開心，買個演唱會門票你又不爽，說我敗家。我到底怎麼了？花的還不是自己賺的錢！我打扮漂亮、想吃點好的、穿點好的、用點貴的，這都在我的能力範圍內，怎麼就成了你眼中只知道虛榮的敗家女孩？

我就想問了，我買名牌包包、衣服……哪樣用了你的錢？花錢怎麼了？揮霍怎麼了？姐樂意也花得起，哪裡需要聽你廢話？

一個不懂珍惜妳的男朋友，是不能要的。看一個男人**值不值得交往，「三觀」有**

時候比人品還重要。「三觀」包含世界觀、價值觀、人生觀，其中最重要的就是價值觀，它直接決定兩個人能否長久共處。

怎麼樣算三觀不合呢？我看過一種說法：

妳喜歡看書，他喜歡玩遊戲，這不叫三觀不合；妳喜歡看書，他說看書「沒用」，這才是三觀不合。

妳喜歡去西餐廳吃牛排，他喜歡在大排檔吃燒烤，這不叫三觀不合；但如果他說「牛排那玩意兒貴得要死，還不好吃，吃那個真做作」，這就是三觀不合。

妳喜歡假期去各地旅遊，他就喜歡宅在家裡，這不是三觀不合；但如果他說「旅遊有什麼好玩的，不就是花錢受罪嘛，躺在家裡多舒服」，這就是三觀不合。

我深以為然——**你可以不喜歡**，**但你不能說那是錯的**。

你可以不喜歡我花兩萬元買包，但你不能說我浪費錢、敗家。其實我並不敗家，我只是想在自己能承受的經濟範圍內，替自己買點好的。

女孩子千萬別和一個**會降低自己生活標準的男人**在一起。

妳以前用 SK-II，現在省錢用廉價的化妝品；妳以前穿名牌衣服，現在穿地攤貨；妳以前去哪裡都搭計程車，現在為了他擠公車；妳以前花兩萬元買包，現在守著委屈的愛情？

每個女孩都是爹娘的心頭肉，你不寶貝她，自然有人寶貝。而有些男人最要命的是喜歡在分手時反咬妳一口：「妳不就是因為錢，才不跟我在一起嗎？妳不就是嫌我窮嗎？」對啊，我就是嫌你窮！窮到我被迫降低自己的水準來迎合你，真的太累了。

對不起，我無法再壓抑自己不去買貴的、好的東西，無法繼續忍受你帶我吃便宜的麻辣燙，我還得一臉幸福的樣子，更無法想像以後跟你在一起、結婚、生孩子，我們辛酸又貧窮的活著……還有比這更糟糕的嗎？求你結束我的痛苦，跟我分手吧。

如果兩萬元的包和委屈的愛情擺在我面前，我肯定選包啊！對我來說「包」治百病，而你給我的愛情，只會讓我生病！

10. 分手的第一天都是新的一年，讓自己增值吧

在回答「新的一年應該怎樣過」這樣的人生詰問時，誰也不能輕鬆的喘口氣，畢竟沒有一勞永逸的人生，要想得到自己想要的，必須付諸行動。

新的一年，我希望妳**對待自己，依然擁有自信和勇氣**。

和過去的自己說再見吧！那個只想不做，總是猶豫、傻乎乎的等在原地，看到別人無數次跌倒後華麗起飛的樣子就徒生失落的自己；那個總羨慕別人成功，卻害怕成功途中遇到的荊棘野獸，甚至見到懸崖峭壁就縮進殼裡的自己。

堅強勇敢的邁開雙腳，成長終究是一場學會戰勝自我和困難的旅程，越是艱難越要咬緊牙關。不拚不闖的只是畏首畏尾，怎麼會有精彩的未來？

把那些說出口的話努力做到吧！這一年，要讀多少書、看多少電影、做多少筆

記、去多少地方……都堅持著去做，不要再推遲這些小目標了，也不要再想著「時間還有很多」。因為有些事情，現在不去做，以後就沒有機會了。

新的一年，我希望妳**對待學習或工作，都拿出十二分的認真與堅定**。

沒有人天生就會做什麼，學習是唯一一件天道酬勤的事，正確且高效的付出是它的不二法門。只要妳想學，並且拿出那份堅定和信念，自然會有回報。踏踏實實的把知識學透後，妳得靜下心來，去面對那些曾因難受而不願理睬的一切，而越是難闖就越要面對，畢竟逃避解決不了問題。

不管是學習還是工作，如果自己一個人做不好，就應該去請教身邊做得好的人，謙虛的請他人指導妳，並接受別人提出的意見與批評，同時還要不斷反思：為什麼自己沒做好？為什麼會出現問題？應該如何解決？

他人是沒有義務無條件幫助妳的，所以在學習做事的途中，也應該學會做人，受之恩情必當回報，投其所好，以表心意。「世故並不圓滑，聰明尚且通透」，這不是損人利己的壞事，相反的，這才是作為一個成年人該有的成熟法則。

新的一年，我希望妳**對待愛情不困、不亂、不惘，活在當下**。

愛情，是每個人都渴望的，不僅渴望被愛，也渴望愛上別人，可其實真正的愛情，並不是所有人都能懂。

美國心理治療大師暨暢銷書作家M．斯科特．派克（M. Scott Peck），曾在著作《少有人走的路》（*The Road Less Traveled*）中寫道：「愛，不是感覺，它是實際行動，是真正的付出。真正有愛心的人，即使面對他不喜歡（甚至討厭）的人，也能表現出愛的姿態，他們心中蘊含的愛，才是非虛假的愛。」

愛不等於愛情，愛情只是愛中非常狹隘的一種。人**不應當被情感所奴役**，妳該知道，不愛妳的人，妳再努力也枉然。感動來的並不是愛，是對妳的愧疚，這種感情只會折磨彼此，不會讓兩人幸福。

妳必須明白，愛情可以有，但不是人生的全部；相比愛情，對於精神、經濟、自我的更高追求更重要，「實現自我價值」是我們畢生應奮鬥不止的目標。若人終日只會談感情、沉浸在逝去或得不到回應的感情中，那是沒有出息的。妳要知道，那個人只是不愛妳，並不等於妳不值得愛；同時妳得讓自己更有魅力，活得更瀟灑動人，愛妳的人終究會來到妳身旁。

總有一個人會包容妳的全部，愛妳心血來潮的俏皮笑臉，愛妳不施粉黛的素顏，愛妳身著素衣的平實模樣；他愛的是骨子裡真正的妳，不是因為妳穿了什麼衣服、背著什麼包、化了什麼妝，他才愛妳。哪怕妳什麼都不做，只是站在他身邊，他一樣覺得溫暖、滿足。他會溫柔的看著妳，為妳披上一件外套，捂熱妳的掌心。

大概這就是愛——牽著妳的手、擁抱妳，不但心裡有妳，並且和妳一起度過漫長生活，這就是我所認為的愛。

新的一年，我希望妳**常回家看看父母**，**尊敬長輩**，**關愛家人**。

工作之後，我才真正明白錢有多重要，又有多難掙。想起學生時期，父母省下所有一切，想讓孩子有書可讀，就算什麼都沒有了，也要讓孩子有飯吃，這是多麼不容易的事啊。

而當妳畢業了、工作了，又去了遠方，父母啊，永遠跟在妳身後，望著妳遠去的背影，為妳打氣加油、增添勇氣：「要努力啊，照顧好自己，爸媽沒在身邊，妳一定要按時吃飯、早點睡覺，不要為了工作拚命。如果辛苦了、工作不如意，那也別憋著，跟爸媽說說。妳做什麼，爸媽都會支持妳。」

多不甘心啊，沒有掙到多少錢的時間是一年又一年。當父母老了，那些年少時發光的夢想，還有說要帶他們遊山玩水，還要多久才能實現呢？

其實父母想要的不是金山銀山，他們要的是孩子的陪伴，是兒女過節時回家，能好好陪著他們吃一頓粗茶淡飯。這日子好也是過，壞也是過，但只要有親人在身邊、有愛的人在身邊，再艱澀的時光都能度過。

不能回家的時候，記得常常打電話給父母，問問他們在家可好，並定期帶他們去檢查身體，再給媽媽買她喜歡的圍巾、手鏈之類的小禮物，給爸爸買茶葉、鞋子、皮包等。其實送什麼都不重要，重要的是妳心裡有他們，而且走到哪裡都帶著這顆心。畢竟世事在變，唯有真情不變。

新的一年，我希望妳**對待朋友，應君子之交淡如水，珍惜擁有的，釋懷逝去的**。雖然很多人可以填滿我們的通訊錄、微信列表，可是那些在妳真正有困難時，第一時間不顧一切來支持妳的，才是朋友。

那些妳遇到問題第一個想到的人，那些妳可以大聲哭訴，毫無顧忌的說著生活的煩惱、苦楚、戀情的失敗、無法排解之憂愁的人，才是朋友。在他們面前，妳從不會擔心自己會失言，或是展現出完全不同於平時的肆意，會讓妳失去他們。他們包容，用諒解的眼神看著妳，同時安慰妳、給妳力量，他們會告訴妳：「人生就是這樣啊，不會一帆風順，也不會步步險勢，有苦有樂，才是我們真實的世界。」

好的朋友是即使不見面、不說話，可是一見又如故，什麼都阻擋不了你們之間的情誼；你們說著各自的戀情、生活，相互挖苦又相互鼓勵。

在新的一年，妳應該明白，無用的社交、處在三觀不同的圈子，以及參加無聊的聚會，是多麼沒意思的事。中國當代作家安妮寶貝這樣說：「我願意與之交往的人，希望他能夠具備獨特的個性和才華、聰慧、有可探索的內涵，又希望他在日常平凡的時候，善良、熱誠、充滿活力。」

所以，去跟與妳志同道合的人，以及熱愛生活、有理想有抱負、喜歡不斷充實自己的人交朋友吧！去用空餘時間提升自我，走進更高的層次，感受更大的世界；不要沉迷於聲色場所，也別做虛偽的社交達人，要交真朋友。

因為成長的分水嶺而逐漸走散的朋友，就都放在心裡吧，只要留一個位置，希望他們過得好，這樣就夠了。深情不必說，祝福就是最好的。

新的一年，我希望妳**對待生活，要像一個童心未泯、胸懷赤誠的孩子般**，依然熱愛生活，期待明天。並且對生活保持著最初的喜愛，不管現在有多麼不如意都不放棄，學會堅韌的面對生活的磨難。

我也希望妳在能力所及的範圍裡，依然選擇能令妳開心的小東西，用有質感的器物，或者養花植樹，又或者讀萬卷書，行萬里路，如此見見這個世界，和它悉心相待，亦看它四季的變化，枯木逢春，朝花夕拾。

別忘了永遠讓自己有趣，這樣即使一個人看展覽或演出，也不會覺得寂寞。再怎麼說，一個人也能翩然起舞，可以看更遠、更深的海，更能高談闊論、陶冶情操、買得起自己想要的——務必規畫好自己的時間，把生命留給自己想做的事。

馮唐有一首詩，名為《致女兒書》：

妳必須內心豐富
才能擺脫這些生活表面的相似
煲湯比寫詩重要
自己的手藝比男人重要
頭髮和胸和屁股比臉蛋重要

內心強大到混蛋比什麼都重要

由此可知，要做一個內心豐富又強大的人，畢竟落寞只是短暫的，有趣的靈魂終會相遇。

對待未來，要做一個善良、健康、有思想、對世界滿懷敬畏之心的人，尊重自然，明白萬物循環，珍惜人與人之間的情誼；要做一個認真生活的人，不是吃口飯、睡個覺，昏昏沉沉度日的人。人一生最重要的是要找到自己的方向，去做自己最願意花時間且熱愛的事情。

還要專心致志的扎根在自己喜歡的領域，學會承擔責任，仔細的做好自己該做的事，尊重每一個人；此外，要觀察身邊每一個人說話的語氣、立場，等別人把話說完，並在提出自身觀點及主張之前先肯定對方。

更要虛心接受他人的指導或意見，及時反思，且對待朋友、同事不要抱有偏見，應該站在客觀、公允的角度去看待整個事情，不偏頗亦不事後隨意指點他人。還要做一個有分寸、懂禮節、會察言觀色，不給人隨意添麻煩的人。有時候循規蹈矩並不是刻板，認真有信仰才會受到別人敬重。

萬丈高樓平地起，要做好事情就必須從每一個生活的小細節做起。有人說，在面試前會扣好衣袖、整理衣服、照鏡子梳頭髮的人，是非常認真的；在離座之後，會把抽出的椅子放回原位，則是非常有禮貌。

細節不僅決定著愛情，也決定著人生的走向。我不會說做了什麼，人生就會截然不同，翻山越嶺到新的層次；我只是知道並且相信，沒有所謂完美無缺的人生，也沒有可以複製的成功之路，每個人都是這麼慢慢走過來的。

一路上，感謝那些默默為妳付出、為妳痛哭的人。

我最後希望，妳擁有一顆善良、清澈的心。願妳成為一個溫柔又不失力量、堅定有信念的人，即使在這蒼茫人世裡飽經憂患，也得以涅槃重生。

新的一年，在這最好的增值期請多指教，**全力以赴過好現在的每分每秒**就是最好的。唯勤之，共勉之。

國家圖書館出版品預行編目（CIP）資料

妳那麼獨立，一定受了不少委屈吧：男人最常使的 13 種「渣」法。殺不死妳的，會讓妳更強。／你喵姐著. -- 初版.-- 臺北市：任性，2019.12
320 面；14.8×21公分.--（issue；013）
ISBN 978-986-97208-8-5（平裝）

1. 戀愛　2. 兩性關係　3. 自我實現

544.37　108016692

issue 013

你那麼獨立，一定受了不少委屈吧

男人最常使的 13 種「渣」法。殺不死妳的，會讓妳更強。

作　　者／你喵姐
責任編輯／張慈婷
校對編輯／林盈廷
美術編輯／張皓婷
副總編輯／顏惠君
總 編 輯／吳依瑋
發 行 人／徐仲秋
會　　計／林妙燕、陳嬅娟
版權經理／郝麗珍
行銷企劃／徐千晴、周以婷
業務助理／王德渝
業務專員／馬絮盈
業務經理／林裕安
總 經 理／陳絜吾

出 版 者／任性出版有限公司
營運統籌／大是文化有限公司
臺北市 100 衡陽路 7 號 8 樓
編輯部電話：（02）23757911
購書相關資訊請洽：（02）23757911 分機122
24小時讀者服務傳真：（02）23756999
讀者服務E-mail：haom@ms28.hinet.net
郵政劃撥帳號 19983366　戶名／大是文化有限公司

法律顧問／永然聯合法律事務所
香港發行／豐達出版發行有限公司
Rich Publishing & Distribution Ltd
香港柴灣永泰道70號柴灣工業城第2期1805室
Unit 1805, Ph.2, Chai Wan Ind City, 70 Wing Tai Rd, Chai Wan, Hong Kong
Tel: 2172 6513　Fax: 2172 4355　e-mail: cary@subseasy.com.hk

封面設計／孫永芳
內頁排版／顏麟驊
印　　刷／鴻霖印刷傳媒股份有限公司

出版日期／2019 年 12 月初版
定　　價／新臺幣 340 元
I S B N　978-986-97208-8-5